Nögges
Elementartheater

Therapie für Therapeuten

Liebe Leserinnen und Leser!

Mit dem vorliegenden Sonderheft stellen wir Ihnen Nögges Elementartheater und die elementare Darstellungstherapie (auch Schauspieltherapie genannt) vor. Das Elementartheater wurde nach Ideen von Frieder Nögge an der Freien Kleintheaterschule in Stuttgart entwickelt und vom Kollegium der Schule, Elisabeth Mülleder (Sprachbildung), Tilmann Bartzsch (Gymnastik), Ingo Schöne (Improvisation) und Polo Piatti (Musik) erweitert und fachspezifisch konkretisiert. Die Weiterentwicklung ins Sozialtherapeutische entstand durch die Zusammenarbeit von Frieder Nögge mit Mitarbeitern des Gemeinschaftskrankenhauses Herdecke, die wir mit diesem Heft dokumentieren.

Dem einleitenden Artikel von Dr. med. Bärbel Irion folgt ein Werkstattbericht von Frieder Nögge über das Entstehen und den Verlauf der Zusammenarbeit mit Mitarbeitern des Krankenhauses. Er ergänzt diesen Bericht durch die Beschreibung eines konkreten Ausschnittes aus einem Arbeitsvorgang elementarer Darstellungstherapie und durch einen Artikel über Übungen mit den Elementen des Bösen. Christine Pflug interviewte Nögge zum Gesamtthema.

Der Artikel von Dr. Michael Brater und Anna Maurus von der Gesellschaft für Ausbildungsforschung und Berufsentwicklung, München, ist das Ergebnis der wissenschaftlichen Begleitung der Nögge-Kurse im Gemeinschaftskrankenhaus Herdecke. An diese Auswertung der Weiterbildung knüpft ein Brief Frieder Nögges an Michael Brater an.

Es folgen ein Teilnehmerbericht von Christoph Rehm und ein Interview mit Teilnehmern der Nögge-Kurse, das den individuellen Erfahrungen und den Wirkungen der Kurse auf Arbeit und persönliche Entwicklung nachgeht.

Manfred Grüttgen gibt in seinem Artikel drei Versuche einer Annäherung an das Elementartheater wieder. Der Artikel von Frieder Nögge „Darstellende Kunstmittel als Therapie" faßt schließlich noch einmal Grundsätzliches zur elementaren Darstellungstherapie und den Übungen zusammen. Beschlossen wird das Heft durch eine Konzeptfassung von Ingo Schöne und Dr. med. Olaf Koob für eine Ausbildung zum Schauspieltherapeuten.

Im Heft verstreut finden sich einige Texte von Liedern Frieder Nögges, die er im Dezember 1992 in einem Sonderprogramm im Forum-Theater in Stuttgart vorgetragen hat: „Wehret den Ursachen. Lieder zu Ohnmacht und Gewalt". – Wir danken Christine Pflug, Biographieberaterin, Hamburg, für die Zusammenstellung dieses Heftes.

Es grüßt Sie
Ihre
FLENSBURGER HEFTE-Redaktion

Aus dem Inhalt

Was tut der Narr im Krankenhaus?

Bärbel Irion*

Dieses Heft soll Rechenschaft geben – danken –, ein Rückblick sein auf zwei Jahre mit Nögge.

Ein Mensch, der auf Zuruf dreier Worte aus dem Publikum im Handumdrehen geistreiche Chansons – Liebeschansons – improvisiert, den „brauchen" wir!
Zunächst mit einer Aufführung als Gabe für die Mitarbeiter zum 21. Geburtstag unseres Krankenhauses.
Und dann – gab es Gespräche, Vereinbarungen, eine Woche Üben mit Menschen aus allen Berufsgruppen, Geschäftsführung, Technik, Ärzten, Pflegenden, Künstlern ... – Neuorientierung.

Das Krankenhaus –
ein Haus mit 500 Betten, neun Fachabteilungen, zeitgemäßer Technik von der Küche bis zur Intensivstation und über 800 Mitarbeitern, die mit dem Anliegen da sind, kranken Menschen zu helfen – d.h. täglich ambulant und stationär etwa 600 Menschen, Neugeborenen und Alten, leiblich oder seelisch Kranken, Gesundenden und Sterbenden zu begegnen, wach und aufmerksam für die jeweilige biographische Situation des einzelnen.

Hindernisse gibt es da:
Gesetze – wirtschaftliche und finanzielle Bedingungen – Grenzen.
Die Auseinandersetzung mit der modernen technischen und naturwissenschaftlichen Medizin – ihr wollen und müssen wir uns stellen, sie gilt es zu ergreifen, zu begreifen und zu erweitern ...
Der Bewußtseinswandel in den Berufsgruppen läßt klassische hierarchische Gliederungen nicht mehr ohne weiteres zu. Neue Formen zu verwirklichen ist unser Anliegen. Wir suchen einen Weg vom Ärztekrankenhaus der Gründerzeit zum Gemeinschaftskrankenhaus. Der Individualismus und das Emanzipationsbestreben – notwendige Erscheinungen unserer Zeit, wie die zunehmende Verletzlichkeit und Unsicherheit des einzelnen, die dazu gehören –, sind eine aufreibende Herausforderung. Das dringliche Bedürfnis des einzelnen, nach moralischer Phantasie, nach moralischer Technik für die Gemeinschaft Ausschau zu halten, wächst.

Die soziale Frage.
Wie gehen wir miteinander, wie gehe ich mit mir um? Wie gehen wir mit Pflanze, Tier und Technik um, mit Wasser, Wärme, Energie?

---

* Dr. med. Bärbel Irion ist Ärztin für Innere Medizin und Psychotherapie im Gemeinschaftskrankenhaus Herdecke.

Wie gehören wir zusammen, wie erkenne ich mich: in Eile, eingebunden oder gezwungen in Bedingungen des Hauses und des Gesundheitswesens, in die Erwartungen von Patienten und Mitarbeitern? Wie finde ich mich, meine Wünsche und Ängste, meine Verletzlichkeit, die immer größer wird? Wie schütze ich mich, ohne mich zu isolieren? Wie bin ich sozial, ohne mich an meinen Aggressionen zu verschlucken? Sozial sein! Der Narr sagt, noch nie habe er Gruppen von Menschen so ohne offensichtliche Aggressionen erlebt! Wo ist der Zorn, der heilige? Sind die Emotionen geschult, erzogen, eingesperrt? Wirken Sie „hälinga" – heimlich, unausgesprochen? Dümpeln sie in Unzufriedenheit und Kritiksucht, trüben und dämpfen die Atmosphäre, die Lust am Werk?

Die Hoffnung fand die Künste!

Lachen lernen? Weinen lernen? Zornig sein! Sich durchsetzen: Hier bin ich!
Woher – wohin?
Fragen stellen, Standpunkte einnehmen, Blickwinkel finden,
Spielen lernen – Katz und Maus –,
eine Geschichte erzählen – das, was ich sehe, sprechen lassen –,
der Narr des anderen sein – in ein Temperament schlüpfen – nachahmen –
sich selber finden ...

Wir haben mit Nögge über den Egoismus gestritten, auch darüber, ob man Gefühle an anderen wahrnehmen, sehen kann. Wir haben Fragen gestellt, ausgelotet, gebohrt, gesungen, geschwiegen, gestampft, getanzt, bis wir die Geste, das Wesen der Seele ahnen konnten.

Wir wollen mit Abschnitten aus der Philosophie der Freiheit von Rudolf Steiner weitergehen, übend, uns bewegend – uns auf den Grund kommen. Närrisch? –

Wir danken unserem Vorstand, dem Schirmherrn dieses Projekts, der Rexroth-Stiftung für Arbeitsforschung, Frau Vesper und anderen Spendern, die die Durchführung des Projekts, die wissenschaftliche Begleitung und Dokumentation durch Dr. Michael Brater von der Gesellschaft für Ausbildungsforschung und Berufsentwicklung ermöglicht haben, Christine Pflug, die das Anliegen der Publikation aufnahm.

Die zehn Kurse, an denen etwa 150 Mitarbeiter in ihrer Freizeit teilnahmen, wurden von diesen selbst finanziert.

„Jeder Mensch ist ein Künstler" – Nögge gibt's nur einmal! Dank ihm!

Zum Geleit

Ich möchte jeden Menschen
aus des Kosmos' Geist entzünden,
daß er Flamme werde
und feurig seines Wesens
Wesen entfalte. –
Die andern, sie möchten
aus des Kosmos' Wasser nehmen,
was die Flammen verlöscht
und wäss'rig alles Wesen
im Innern lähmt. –
O Freude, wenn die Menschenflamme
lodert, auch da, wo sie ruht! –
O Bitternis, wenn das Menschending
gebunden wird da, wo es regsam sein möchte.

(Rudolf Steiner)

Frieder Nögge

1955 geboren, studierte Schauspiel an der Hochschule für Musik und darstellende Kunst in Hamburg. Abschluß mit Auszeichnung. Stipendium für ein Ergänzungsstudium an der Scuola Teatro Dimitri im Tessin. Seit 1977 freischaffender Bühnenkünstler. Tätig als Theaternarr, Clown, Chansonsänger, Autor und Theaterpädagoge (u.a. an der Hochschule für Musik und darstellende Kunst in Stuttgart und als Gründer und Leiter der Freien Kleintheaterschule Stuttgart). Gastspielreisen durch das In- und Ausland mit den Soloprogrammen „Die vier Temperamente" und „Das Narrenmögliche". Engagements an den bekanntesten Kleinkunstbühnen in Deutschland, u.a. Schmidt, Hamburg, und Scheinbar Varieté, Berlin. Hauptakteur in dem Fernsehfilm „Das Lächeln am Fuße der Leiter" nach einer Erzählung von Henry Miller. Auftritte in Rundfunk und Fernsehshows. Gründer und künstlerischer Direktor des Manegentheaters Salti Nögge, Deutschlandtournee 1990.
Buchveröffentlichungen: „Ich singe dieses Lied für Euch", Texte und Gedichte, „Nögge und seine vier Temperamente. Neue Sensübelitäten", beide Urachhaus Verlag, Stuttgart.
Nögge lebt mit Familie in Süddeutschland (schwäbischer Wald).

Nögge, der Narr
(Schmidt-Theater, Hamburg 1992. Foto: Friedemann Simon)

Die Helfer und der Lachenbringer
Ein Werkstattbericht
Frieder Nögge

„Der phantasielose Mensch schafft keine sittlichen Ideale. Sie müssen ihm gegeben werden."
„Was man das Gute nennt, ist nicht das, was der Mensch soll, sondern das, was er will, wenn er die volle wahre Menschennatur zur Entfaltung bringt."
(Rudolf Steiner, Philosophie der Freiheit, 1894)

„Gleichwie die Natur es uns gewissermaßen übelnimmt, wenn wir der Menschheit ein Geheimnis voraushaben, so verargt sie es uns auch, wenn wir unsere Emotionen den Mitmenschen vorenthalten. Die Natur hat in dieser Hinsicht einen ausgesprochenen Horror vacui, darum ist nichts auf die Dauer unerträglicher als laue Harmonie auf Grundlage zurückgehaltener Affekte." (C.G. Jung, Die Probleme der modernen Psychotherapie, 1929)

Der erste Schritt

Die Anfrage aus Herdecke erreichte mich in einer Lage, die einer Art Schwebezustand glich. Ich hatte im Herbst 1990 gerade eine einjährige Tournee mit meinem Zirkus abgeschlossen, Zelt, Wagen und Material verkauft, Löwen, Elefanten und Ziegen für den Winter untergebracht und genoß es, wieder in einem Bett zu schlafen, das auf festem Boden stand. Wer einmal zum fahrenden Volk gehörte, verliert allerdings nie wieder das Wanderfieber und behält, in solide Verhältnisse zurückgekehrt, eine gewisse Unruhe und Sehnsucht zurück. Wer einmal als Darsteller im Rund der Manege aufgetreten ist, dem wird danach jedes Theater und jede feste Bühne ein fast zu enger Raum. Ich bekam – wieder an meinem Spielort, einem Hamburger Varietétheater – kein Verhältnis mehr zu der Art und Weise großstädtischer Unterhaltung. Während der Zirkustournee war ich dem Volk näher gewesen. Da unser Zirkus Manegentheater geboten hatte, besuchte unsere Vorstellungen ein bunt gemischtes Publikum; Leute, die sonst nie ins Theater, und Leute, die sonst nie in einen Zirkus gehen. Das Rund der Manege, das Blau der Zeltplanen, die kraftvoll-satten Farben der Kostüme, der Geruch der Tiere und die Nähe zu den Naturgewalten, wie Sturm, Hitze, Hagel, geben der Zirkusarbeit ihren ursprünglichen Charakter. Es läßt sich in einer Manege nur das Reine, Naive, Archaische, Kraftvolle und Urwüchsig-Poetische entfalten. Dekadentes und Zeitgenössisch-Frivoles harmonieren nicht mit diesem Ort. Das Zirkuspublikum ist offen für kindlich-urmenschliche Empfindungen: für das Staunen, die Freude, das

Lachen, bereit, die Seele von Bildern und Handlungen des reinen Spiels verzaubern zu lassen.

Zurückgekehrt in den weltstädtischen Unterhaltungsbetrieb erlebte ich jetzt, wie fast dasselbe Publikum, vollkommen umgedreht, auf das schrill-schräge Angebot moderner Tingeltangelkunst reagiert. Auch in einem Varieté sieht man ja eine gemischtere Zuschauerschar als in einem Staatstheater. Vorrangig das Bürgertum, aber auch die sogenannten Intellektuellen, die Nachtschwärmer, die Individualisten, die Künstler, die Schreiber, die Homosexuellen und die Lesben. Wir echten Narren haben eine gewisse Hellhörigkeit, ein Ohr für die Art, wie gelacht wird und was aus dem einzelnen Menschen herauslacht. Ich sah in den letzten Jahren immer öfter Kollegen kopfschüttelnd von der Bühne herunterkommen, sehr erstaunt darüber, daß dem Publikum das Blöde nicht blöd, das Gemeine nicht gemein, das Ekelhafte nicht ekelhaft genug sein kann. Was tun als Spaßmacher, der mit Witz sein Brot verdient, wenn das Verständnis für subtilen Humor, poetische Heiterkeit und gesunde Narrheit schwindet und sich eine beziehungslose Albernheit Raum schafft? Was tun, wenn sich mehr und mehr Leute nur noch gröhlend auf die Schenkel schlagen, wohl weil sie den Kopf nicht mehr finden, an den sie sich einmal greifen sollten?

Ich fragte mich, ob es meinem Ideal entspricht, den Weisungen der Agenten und Theaterdirektoren – kein Anspruch mehr, nur noch Show, Coedie, Travestie! – zu folgen. Gewiß, das wirkungsvollste Kabarett liefern uns heute die Politiker live, den besten Zynismus erfahren wir an unserer oberflächlichen alltäglichen Realität. Dummdreister als das, was unsere Medien täglich berichten, kann kein Narr sein. Doch ist dies ein Grund, der Unterhaltungskunst jegliche Wärme und Besinnung zu nehmen? Ich fragte mich, ob ich nicht herunter von den Brettern und mit einzelnen närrische Spiele treiben sollte. Eine Art Therapie! Die Renaissance der zwanziger Jahre, die ich erlebte und mitgestaltete, dies schlagerträllernde Hineintorkeln in eine sich vielleicht anbahnende Weltkatastrophe, genügte mir nicht. Ich wollte nicht nur der sein, der falsch dazwischensingt.

Dies war meine innere Situation, als aus Herdecke die Frage kam, ob ich mir vorstellen könnte, mit Mitarbeitern des Gemeinschaftskrankenhauses künstlerische Übungen zu machen, die den einzelnen fördern und das Soziale gesunden. Ich hörte plötzlich von Problemen, die mir ganz neu waren: Sorge um die Situation im Pflegebereich; erschöpfte, ausgebrannte Mitarbeiter; Konfliktsituationen im Helfer-Patienten-Verhältnis; therapiebedürftige soziale Zusammenhänge; Pflegenotstand und Rückgang der Schülerzahlen im Pflegeausbildungsbereich. Solche Probleme waren mir vollkommen fremd und weit ab von den meinigen. Was sollte, was konnte ich da antworten? Doch ich sah eine Möglichkeit, meinem Bedürfnis, direkt mit einzelnen Menschen künstlerisch zusammenzuarbeiten, ohne Theaterrummel und Erfolgsanspruch, nachgehen zu können.

Zudem fand ich ein solches Unternehmen fast so abenteuerlich wie eine Zirkusreise! Welch' Kühnheit, rief ich voll Pathos in den Hamburger Nebel, wenn Ärzte eines Krankenhauses einen Tingeltangelvirtuosen um einen Beitrag zur Gesundung des Menschlichen und menschlichen Miteinanders bitten! Da lacht sich die gesamte Fachwelt schon im voraus krank! Das wird kein Sozialforscher, kein Psychologe, kein Supervisor je ernst nehmen können! Da werden die letzten silbergrauen Haare von den geistschweren Schädeln einiger noch verbiesterter Anthroposophen rieseln! Kurzum: Die Sache hat Narrheit und Biß!

Und so ging ich, einen ersten Kurs in Herdecke zu geben, unter die Mediziner, Therapeuten und Pflegenden. Ein blutiger Laie in Sachen Therapie, Psychologie und Sozialforschung, ein Fachmann für Menschenspiegelei und Stolpern.

Schon am zweiten Kurstag hatten sich zwei Teilnehmer den Fuß verstaucht ...

Die Arbeit

Es gibt ein Morgenstern-Gedicht, das schildert, wie der Dichter ein Schaf sieht und wie dieses Schaf ihn ansieht, als sähe es zum ersten Mal einen Menschen, und der Dichter sieht darauf das Schaf an, als sähe er zum ersten Mal ein Schaf. So ungefähr stehen wir uns in unserem Kursraum gegenüber! Einmal habe ich den Schafsblick und die Herdecker gucken wie Menschen, einmal andersherum. Sie entdecken mich, ich entdecke sie. Die Helfenden und der Lachenbringer begegnen sich.

Wir haben verabredet, daß wir – wie sie es sagen – erst einmal ins Tun kommen. Ich habe mich lange gefragt, was das heißen soll, und es mir dann übersetzt: Wir arbeiten! Es ist mir bekannt, daß Anthroposophen dazu neigen, alles zu bearbeiten. Sie arbeiten am Bewußtsein, arbeiten an ihrer Biographie, arbeiten an Empfindungen, arbeiten künstlerisch, arbeiten am Geiste. Und meiner Beobachtung nach arbeiten sie unter möglichst totaler Ausschaltung jeglichen Lustgefühls. Sie arbeiten für die Sache, und das ist „das Gute" und „die Weiterentwicklung der Menschheit". Da bleibt für Spaß kein Plätzchen!

Ich habe ein anderes Verhältnis zur Arbeit. Das kommt vom Zirkus. Zirkusartisten sagen, wenn sie auftreten: Wir gehen in die Manege *arbeiten*. Sie sagen nicht wie ein Schauspieler, daß sie ein Programm oder eine Vorstellung geben oder ihre Rolle spielen. Sie arbeiten, und das oft in schwindelnder Höhe und vor dem Rachen des Tigers. Ihre Arbeitsweise ist leicht, voll Charme und Ausdruck ihrer Lebensfreude. Sie ähnelt dem Arbeitseifer eines spielenden Kindes. Wer einmal nachgearbeitet hat, was ein Kind schuftet, das eine Lehmburg baut, wird nicht mehr so oberflächlich sagen: Es spielt eben!

In diesem Sinne verstehe ich Arbeit und nenne den Inhalt meiner Kurse einen Arbeitsweg. Wir handeln, verwandeln, bauen, bewegen und werken. Das Werk, das entsteht, ist zwar kein Holzlöffel, der als Erinnerungsstück bleibt, doch dafür sind es Gesten, Blicke, Spielhandlungen, die das Herz nicht mehr vergißt. Natürlich geht der eigentlichen Arbeit Übung voraus. Übung, die das Handwerk zu eigen macht. Wir üben zum Beispiel, pantomimisch ein Glas zu halten, um damit in einer Improvisation arbeiten zu können. Doch wir üben nicht, um eine einzige Sache irgendwann einmal perfekt zu beherrschen. Der Kurs ist kein Ausbildungskurs für Mimen oder Schauspieler. Sein Schwergewicht liegt auf der Wegbereitung. Wir arbeiten an einem Weg, auf dem jeder einzelne zu den Quellen seiner Phantasie und seiner schöpferischen Ideen kommen kann.

An die Arbeit also, oder herdeckerisch gesagt: Laßt uns ins Tun kommen! – Würde jemand von außen durchs Fenster in unseren Kursraum blicken, der sähe Befremdliches! Medizinfrauen und -männer, Schwestern und Pfleger, Therapeutinnen und Therapeuten, Pflegeschüler und Medizinstudentinnen, Verwaltungsmitarbeiter und Sekretärinnen hüpfen und springen, klatschen und stampfen, rudern mit den Armen, rollen die Köpfe, schleichen mit hängenden Gliedern tiefbetrübt durch den Raum, um gleich

Rhythmisches Klatschen im Kreis

darauf, auf Zehenspitzen tänzelnd, atemnehmend daherplappernd, herumzuschwirren. Jugendfrisch patschen schwergewichtige Doktoren nebst mütterlichen Schwestern durch imaginäre Schlammpfützen! Furcht und Hemmung überwindend versuchen alle, schweißgebadet und von Schamröte überflutet, zum hundertsten Mal in einem schlichten Holzstäbchen ein Fernrohr, jetzt eine Flöte, husch! – einen Kamm und da einen Telefonhörer zu schauen! Dampfend, jeglichen Muskelkater verachtend, ringt die Schar um Ausdruck, Gebärde, die Echtheit einer Geste, die Wahrhaftigkeit einer Spielimprovisation, die Erscheinungsformen der Schwere und Leichte, der Weite und der hitzeerzeugenden Enge. Und schließlich wagt sich jeder todesmutig, alle Erstarrung bemeisternd, an die schwierigste aller Aufgaben: das Weinen, das Lachen und den Zorn.

Spielend, darstellend und forschend gehen wir dabei den Ausdrucksformen des Weinens, Lachens und Wütens nach. Wie atmen wir, wenn wir weinen, wie, wenn wir lachen, wie, wenn wir toben? Was macht der Körper? Welche Gesten? Welcher Ausdruck? Wir gehen dem nach und versetzen uns in die leiblichen Bedingungen der Affekte. Kommen wir zum Weinen ohne Grund? Zum Lachen ohne Witz? Zum Zorn ohne Anlaß? Wir kommen! Die Darstellung des Weinens als Phänomen löst unser eigenes Weinen aus, das zuerst künstlich erzeugte Lachen steckt das echte an, der gespielte Zorn weckt den echten. Ist dieser Weg gesund? Ist so etwas erlaubt? Plötzlich heult der Dr.Dr. los! Wenn ihn nun einer sieht? Plötzlich hat der sanfte, harmoniebedürftige Pfleger X. Lust, mit allen Türen zu knallen! Ist das sozial förderlich?

Darf es sich ein Helfer, der im Berufsalltag langsam und geduldig einen gebrechlichen Patienten den Gang hinauf- und herunterführt, leisten, plötzlich wie Rumpelstilzchen durch den Raum zu toben? Was steigt in Menschen auf, die tagtäglich mit Not, Leiden, Sterben und Unglück zu tun haben, wenn sie weinen um des Weinens willen? Was lachen sie von sich weg, wenn sie sich eine halbe Stunde lang brüllend, kichernd, glucksend, röchelnd, japsend und gackernd, ohne einen konkreten Grund, auf dem Rücken wälzen?

„Das geht aber an Grenzen, Herr Nögge!" – An Grenzen? Ich bin ehrlich irritiert. Ich halte inne und frage mich, ob ich, zweihundertneunundneunzig Tage am Theater und mit Theatermenschen tätig, vergessen habe, daß nicht jeder Mensch hemmungslos und lustvoll mit dem Hintern wackeln will, nicht jeder einen Salto vor Freude schlagen kann und nicht jeder die Abgründe der Seele leidenschaftlich durchleben und darstellen möchte. Der Drang der Darsteller ist es, sich zu äußern, Emotionen zu äußern, Leidenschaften zu äußern. Die Pflicht des Helfenden ist es, sich zurückzunehmen. Daher die Grenzen? Oder kommt hier die einzelne Persönlichkeit, unabhängig ihres Berufs an Grenzen? Würden nicht ein Bankdirektor oder eine Verkäuferin, ein Journalist oder eine Designerin genauso Angst haben, ihre

Improvisation Riesenballon

tiefsten Emotionen zuzulassen? Haben Schauspieler nicht auch Hemmungen?

Abend für Abend sprechen wir über diese Fragen. Wir beobachten unsere Zusammenarbeit, beobachten die Wirkungen, suchen, befragen, sammeln Erfahrungen und regen uns gegenseitig an, jenes verstärkend, dieses verändernd. Durch diesen Austausch entstehen neue Arbeitsvorgänge. Meine Methode erfährt eine fruchtbare Korrektur dahin, daß sie sich immer mehr der Realität der Kursteilnehmer annähert. Schritt für Schritt werden aus Übungen und Arbeitsprozessen schauspielerischer Art künstlerisch-spielerische Vorgänge, die Mitarbeitern eines Krankenhauses zum Erlebnis werden können. Der Schwesternpflegeschuleiter schlägt jetzt zwar den Salto, doch so schnell, daß keiner ihn sieht ... Salto phantasio!

Bist du da?

Der erste Kurs löste ein allgemeines „Mehr! Mehr! Wir auch!"-Rufen aus. Kurs folgte auf Kurs. Inzwischen arbeite ich das zweite Jahr mit Herdecker Mitarbeitern zusammen.

Wir haben uns lange von der Frage leiten lassen: Wie kann der einzelne das, was er durch spielerisch-darstellende Prozesse gewinnt, in die alltägliche Arbeit tragen? Entwickelt der Kurs therapeutische Fähigkeiten? Ist etwas für das konkrete soziale Leben gewonnen? Der Frage nachgehend, erforschten wir die Wirkung der Kurse auf den Herdecker Alltag. Es war einiges erkennbar. Mitarbeiter berichteten, daß ihre Beobachtungsgabe bereichert sei, daß man besser „improvisieren" könne, daß man leichter in andere hineinschlüpfen und sich freier begegnen könne usw. Hin und wieder Lachen auf der Station. Nögge-Kursler, eingeweiht in die Heilkraft des Humors, sind am Losgackern.

Etwas aber blieb wie unausgesprochen. Das Echo befriedigte mich daher nicht. Sollte das der Sinn dieser Kurse sein? Angeregt werden und aufgebaut? Erfrischung bekommen für den täglichen Trott? Käme man nicht genauso wach und erneuert aus einem Tangokurs? Ein bißchen Schwitzen, einmal im Kreis herumdrehen, Berührung und ein paar leidenschaftliche Momente, das macht gewiß wieder fit für den Alltag! Ich fragte mich, ob ich nicht nur Öl fürs Getriebe anbot. Hatte man mich nicht gerufen, weil etwas faul ist im Staate Herdecke? Wird der Pflegenotstand und das Burnt out der Mitarbeiter geringer, wenn diese hin und wieder mal eine erfrischende Abwechslung erfahren dürfen? Ist das nicht ähnlich der Methode, Fließbandarbeiter zwischendurch Gymnastik machen zu lassen?

Ein Therapeut aus unserer Gruppe, dessen bohrende Frage, was das eigentliche Ziel der Arbeit sei, immer heftiger und heftiger wurde und der, wie ich, in den bloßen Anregungen fürs Alltägliche das Ziel nicht sehen konnte, brachte mich schließlich auf den Fehler, den wir begangen hatten. Er hatte nun zwei Jahre kursweise mit mir gearbeitet und saß da und betonte unentwegt, daß ihm der Kurs nichts für seine tägliche Therapiearbeit brächte, außer guten Anregungen, die er aber auch aus jedem anderen Kurs bekommen könnte. Und wie ich ihn sitzen sah und reden hörte, nahm ich plötzlich wahr, wie sehr *er* sich verändert hatte! Ich erschrak. Warum stellt er nicht fest, fragte ich mich, daß *er* freier atmet, selbstbestimmter auftritt, sich zielgerichteter äußert, persönlicher spricht? Warum fällt ihm während des Kurses nicht auf, daß seine Phantasie enorm lebendiger, seine Gestaltungskräfte um vieles farbiger und ideenreicher geworden sind? Warum schaut er nicht auf sich?

Und plötzlich bemerkte ich, daß ich mich hatte verleiten lassen durch die Frage nach dem Zweck des Kurses für die Krankenhausarbeit! Durch diese Fragestellung starrten wir wie gebannt auf das, was der Helfer und Pflegende mitnimmt, um es dem Patienten zugute kommen zu lassen.

Was aber geschah mit ihm selbst als Individualität? War der Teilnehmer überhaupt der Arzt, der Pflegende, die Schwester, die Therapeutin im Kurs oder war er hier nicht vor allem Privatperson? Natürlich war er das, doch der Kurs war für Mitarbeiter des Gemeinschaftskrankenhauses eingerichtet worden, Mitarbeiter besuchten ihn, Mitarbeiter, die zwar während des Kurses ihre Mitarbeiterrolle fallen ließen, es aber nicht wahrnahmen oder nicht wollten. Das Berufsbild oder die Berufsrolle wurde in den Vordergrund geschoben. Dahinter passierte etwas, doch was da passierte, wurde übersehen, vielleicht sogar verdrängt. Warum?

Ich verglich, um eine Antwort zu finden, das Helferberufsbild mit meinem. Wenn ich nach einer Vorstellung mit Leuten zusammensitze, die in der Vorstellung waren, sehen sie in mir weiter den Clown. Wenn ich mich normal verhalte, müde bin, mal nichts rede, zuhöre usw., dann bin ich für ihre Augen bereits traurig, eben weil ich doch gerade zwei Stunden nur komisch und lustig war und sie dieses Bild in sich haben. So entsteht die Legende vom melancholischen Clown, der, sobald der Vorhang gefallen, todernst ist. Dabei sind wir eben lediglich nicht mehr nur komisch. Wie ist es beim Helfer? Da mein Vater Arzt ist, kenne ich zur Genüge die Situation, daß Menschen, die mit einem Arzt privat zusammenkommen, plötzlich Krankheiten an sich feststellen und, da der Arzt gerade da ist, nur mal fragen wollen, was er dazu meint! Mein Vater bekam regelrecht einen Grimm, wenn eines von uns Kindern krank wurde! Zu Hause wollte er nicht der Arzt sein. Ich nahm nun an den Kursteilnehmern wahr, daß sie ihren Beruf und ihre Arbeit so ernst nehmen, daß bis in ihr privates Verhalten hinein dasjenige im Vordergrund steht, was dieser Beruf moralisch erfordert: Eine gewisse Freundlichkeit und Dienstbereitschaft, Sanftmut, Unauffälligkeit und Unaufdringlichkeit lag über allen Kurslern. Wenn sie improvisierten, geschah im Spiel nie etwas Gemeines, Brutales, Grobes oder Aggressives. Es gab im Spiel nie einen „Mord", einen „Streit" oder einen „Kampf bis aufs Messer". Verletzte sich einer innerhalb einer Spielszene, also nur zum Schein, brach das Krankenhaus aus. Niemals nahm einer dem anderen im Spiel etwas weg. Das Geben war selbstverständlich geworden.

Wenn nun der Kursteilnehmer – wie eingespielt darauf, daß er nie etwas für sich nimmt, nie etwas nur für sich selbst tut – es zur Gewohnheit werden läßt, daß er stets weiterschenkt, so verliert er allmählich den Blick dafür, was er gewinnt und daß er selbst es ist, der etwas gewinnt und nimmt. Er sieht nur noch auf das Geben.

Dieser Blick auf sich als Gebenden verhindert eine Selbstwahrnehmung von sich als egoistisch Nehmenden. Der Egoist wird weggeschaut, übersehen, schlichtweg nicht zugelassen. Da aber in einem darstellerischen Arbeitsprozeß der Egoist gefordert ist, da jeder künstlerische Vorgang das Selbst des Menschen herausfordert und nötig hat, der Geber aber darauf nicht sieht, sieht er nicht, was und wie der Kurs auf *ihn* wirkt. Er sieht nur auf das, was er weitergeben könnte. Am Ende steht er mit leeren Händen da. Denn der künstlerische Weg hat ihm überhaupt nichts geboten, was er weitergeben kann, sondern zunächst einmal nur das, was seinem Selbst nützt. Er aber bleibt beharrlich selbst-los. Er bleibt der Geber und behauptet sein Gebertum in seiner Vorstellung von sich selbst mitten in einem Prozeß, wo er real nur nimmt! Er verändert sich real, aber das Bild, das er von sich hat, verändert sich nicht. Immer und immer wieder paßt er daher sein Selbst dem Bild, das er von seinem Berufsselbst hat, an. Tut ihm selbst etwas im Kurs gut, korrigiert er es. Nicht mir darf es guttun, sondern dem Patienten soll das, was ich hier lerne, zugute kommen. Es ist, als würde er für andere an einer duftenden Blume riechen wollen, als würde er für andere ein Schnitzel essen wollen!

Warum läßt er nicht ab von diesem Bild von sich? Bleibt etwa nichts mehr übrig, wenn das Berufsbild verschwindet?

Um dieser Frage folgen zu können, habe ich mich gefragt, ob ich es aushalten würde, auf mich selbst zu sehen, ohne auf mein Künstlersein, ohne auf den Lachenbringer und alle Popularität zu blicken. Was bleibt wirklich übrig? Es machte mir Angst, dieser Frage nachzugehen. Es kostete mich Mut, sie unerbittlich zu stellen und die Antwort zu suchen. Viel bleibt nicht übrig! Die wahre Individualität ist wie ein kleiner Säugling. Dieser Säugling ernährt sich von den Handlungen, die wir aus Erkenntnis, Freiheit und Liebe tun. Es ist nicht viel, was er an Nahrung erhält. Er gedeiht langsam. Meist verkümmert er fast. Weit gesättigter ist an uns all das Unindividuelle, das Einseitige. So, wie ein Löwe brüllt, weil er einen solchen Brustkorb hat, so bin ich Lachenbringer, weil ich eine einseitige Begabung, eine bestimmte Natur und Macke habe, die eben nicht so weit gediehen ist, daß ich Grund hätte, zum Neurologen zu gehen. Ich gehe zum Theater. Ich bin kein Spaßmacher aus einer eigenen Idee heraus! Ich *muß* Spaßmacher sein! Was ich mit diesem Müssen anstelle, ist eine andere Frage. Muß jemand Sozialarbeiter werden wie ich Clown? Ist jemand gezwungen, helfen zu müssen? Zwingt ihn die menschliche Natur? Ich habe noch nie die Beobachtung gemacht, daß die Natur zu einer brüderlichen Handlung zwingen würde. Es gibt unter Tieren kein Krankenhaus und für geknickte Blumen keinen Sanitäter. Wonach drängt die menschliche Natur, wenn jemand einen Beruf ergreift, der pflegend-sozial ist? Sie drängt nach Mütterlichkeit, Wärme, Geborgenheit, behäbigem Frieden, nach Ordnung, Reinlichkeit, nach Schutz, Lebenserhaltung und Artgemeinschaft! Wohlgemerkt: die menschliche Natur! Es gibt ganz gewiß Millionen Ärzte, Pfleger und Heilende, die nicht aus Naturzwängen diesen bestimmten Beruf ergreifen! Doch wahrnehmbar ist eine gewisse Grundnatur, ein bestimmtes unindividuelles Berufstemperament, das allen Helfern, die ich kenne, anhaftet.

Dieser Grundtyp ist so veranlagt, daß er, um seine Bedürfnisse nach Ordnung, behäbiger Ruhe, Geborgenheit und Nestwärme befriedigen zu können, bereit ist, gewisse Prinzipien auszuführen. Da ihn nichts zwingt, sich von anderen abzuheben, nichts drängt, sein Selbst zu packen und nur sich selbst durchzusetzen, sondern seine Natur nach dem Gegenteil verlangt – mitströmend, mitschwingend, mitfließend –, spricht ihn das Prinzip „Sei selbstlos!" an. Die Berufsnorm des Helfers ist seiner Natur gemäß: Du sollst nichts für dich wünschen, du sollst für andere da sein, du sollst dich zurückstellen, du sollst geben. Um Ruhe, also wenig Streit, Kampf und Auseinandersetzung, zu haben, ist er da, wo Streit und Kampf vor der Tür bleiben: im Krankenhaus, am Krankenbett, bei Kranken. Er folgt, um selbst niemals in die vereinsamende Abtrennung des aggressiven Egoismus zu gelangen, den Geboten einer pflegend-heilenden Gemeinschaft und macht sich zur Pflicht, was deren Pflichten sind. Er gibt, weil er geben *soll*, weil er einer bestimmten Norm folgt, die er begehrt hat und die zu seinem Berufsbild gehört. Sein Geben ist das Ergebnis seiner Prinzipien. Er führt sie aus und gibt. Er ist sozial, wie ein Soldat tapfer ist, weil er es sein soll. Die sozialen Gebote hat er von Natur her angenommen, wie der Abenteurer, der den Feind, das Wagnis und den Kampf braucht, das Gebot annimmt: Holzauge sei·wachsam!

Was ich hier schildere, sind Versuche, mich dem Typus des Helfers anzunähern. Daß dieser Typus auf den individuellen Menschen, der von Beruf her pflegt, heilt und hilft, niemals exakt zutrifft, versteht sich von selbst. Die Ausgangsfrage war für mich: Was bleibt übrig, wenn das Berufsselbst weg ist? Es bleibt bei keinem Menschen nur das Typenhafte und nur die Summe seiner Prinzipien übrig! Doch fragen wir nach den Gründen, warum ein Mensch pflegend und helfend handelt, so sind es bei weitem mehr unindividuelle als individuelle Gründe. Wer kann schon sagen: Ich tue Gutes, weil ich es will. Nur der kann es sagen, der sich ein klares

Bewußtsein über die Gründe macht, warum er es will. Dann erst kann er Klarheit darüber gewinnen, ob tatsächlich nur er als er selbst es will oder ob nicht tausend Stimmen, Fremdgedanken, Moralvorstellungen, sittliche Gebote, Vorbilder, Ideale anderer Menschen ihn bestimmen. Und solange er Gutes tut, weil er Gedanken, Idealen und Vorstellungen folgt, die nicht die seinen sind, die nicht von ihm selbst erschaffen wurden, oder Gedanken, Idealen und Vorstellungen folgt, ohne sie bewußt als Fremdgebote erkannt und aus Freiheit zu seinen eigenen gemacht zu haben, solange folgt er dem, wozu seine Natur ihn zwingt: der Pflicht, die ihm, der sich gerne fügt und gerne dient, angibt, wie er sich zu verhalten und wie er zu handeln hat. Er bleibt ein Ausführender. Solange er diese, nicht von ihm selbst geschaffenen sittlichen Gebote ausführt, wird er niemals mehr sozial, aber auch nicht weniger sozial sein, als die es waren, die seine Vordenker und Vorgänger sind. Er wird für das Gute da sein, das Menschen vor ihm erkannt und geschaffen haben. So vollzieht sich unser Leben in der gegebenen Realität.

Die Gefahr ist, daß der Ausführende, der Prinzipien folgt und nach diesen handelt, sein schöpferisches aktives Selbst verträumt und sich nur als Ausführenden, in unserem Falle als Gebenden, Helfer, Heiler und Pfleger selbst vorstellt. Er verschläft, indem er vollführt, was er soll, die Chance, etwas aus Gründen zu wollen, die ihm bewußt sind und die er sich selbst gibt. Er verschläft sein Individuelles, das in ihm schlummernde schöpferische Vollmenschliche. Je mehr er nur ausführt, um so verkümmerter wird es. Seine Ausführungen aber werden dann immer mechanischer und automatischer. Er gibt, weil er soll – er macht wie mechanisch, was er soll. Warum soll er selbst wach beteiligt sein, da er ausführt? Selbst die Wachheit, die er haben soll, wenn er einem todkranken Patienten gegenübersteht, ist eine mechanische. Der Mensch jedoch ist keine Maschine. Handelt er wie eine solche, automatisch, mechanisch, aus Gewohnheit, ohne In-Frage-Stellung, ohne Selbstbestimmtheit und ohne Ich-Anwesenheit, folgt die Maschine dem Gesetz der Schwere. Sie stockt, sie rostet ein, sie wird träger und träger. Er wird müde, meint, daß er seine Pflicht nicht mehr voll erfülle, fühlt sich überfordert, beklagt das streßbeladene tägliche Arbeitsleben, hat Angst, nicht genug zu geben, empfindet Ungerechtigkeit: Ich habe so viel für andere getan, und jetzt tut keiner etwas für mich! – und resigniert. Leer, erschöpft, ausgebrannt. Burnt out.

Er hat nun das Bedürfnis, etwas nur für sich zu tun, sich aufzubauen, zu erfrischen, zu erneuern! Ein Narr wird gerufen, der ihm dabei helfen soll. Wer sich aber zur Pflicht gemacht hat, immer für andere mehr zu wollen als für sich selbst, der kommt in Konflikt, wenn er das Bedürfnis wahrnimmt, daß er etwas nur für sich braucht, um sich zu erfrischen. Er wird also seinem Bedürfnis nach Erfrischung einen Grund geben, der es ihm ermöglicht, diesen Konflikt zu beseitigen. Er wird sagen: Ich brauche zwar jetzt einen Theaterkurs, aber nicht für mich, sondern weil ich aus diesem Kurs eventuell Fähigkeiten gewinne, die mir für meinen Beruf zugute kommen.

Er wird dadurch das, was er selbst durch die künstlerische Arbeit gewinnt, weder voll genießen noch als etwas Sinnvolles begreifen, da er es gar nicht als solches wahrnimmt und vorstellen kann. Er wird der Durstige sein, der trinkt, um damit wieder frischer für seine Mitmenschen zu werden, und nicht, um seinen Durst zu löschen. Den Genuß des Trinkens überspringt er.

Nun ist es vollkommen unmöglich, künstlerisch zu arbeiten und dabei den Genuß zu überspringen! Die künstlerische Arbeit folgt keinen sozialen Prinzipien. „Weil du sozial sein sollst, machst du jetzt eine Übung, die deine Phantasie aufblühen läßt!" Was für ein Unsinn! Die Phantasie ist nicht Knecht irgendwelcher sittlichen Vorstellungen. Kein wahrer Künstler ist für die Ideen irgendeines anderen da, seien sie in ihm oder autoritär von außen wirkend. Eine künstlerische Handlung, die vollführt wird, um für das Gute da zu sein, ist genauso fruchtlos wie eine, die dafür da ist zu zeigen, was für schlechte Menschen wir sind. Kein Mensch, ob Künstler, Helfer, Wissenschaftler oder Straßenkehrer, ist für etwas da, was andere Menschen gedacht und verwirklicht haben. Menschliches, ob Heilsames oder menschlich Böses, ist *durch* den Menschen da. Dies ist ja gerade das Aufbauende und Erneuernde, was man erlebt, wenn man spielerisch-künstlerisch arbeitet. Durch einen selbst ist das da, was man schafft! Es ist so wahr, so schön, so rein, so vollkommen, wie man selbst es schafft. Nicht der Mensch ist für die Kunst, sie ist durch den Menschen da. Und je mehr er da ist, je anwesender er ist, je individueller, je geistes-gegenwärtiger er ist, um so reicher, voller, satter sein Geschaffenes. Dieses Geschaffene wird keine schillernde Seifenblase, die auf einem Regenbogen kullert, noch ein aus dem Stoffwechsel entlassener Dämon sein, wenn es durch den Menschen geschaffen ist. Es wird ein menschliches Antlitz haben und zur Wirklichkeit gehören wie das Walnußschiff mit Taubenflaum-Segel eines Kindes. Denn wenn der Mensch handelt, handelt nicht der Wolf in ihm und nicht der süße Engel.

Was geschieht, wenn der Mensch in einem zu handeln beginnt? Ich habe, nachdem ich mich von der Frage nach dem Zweck der Kurse für den Pflegeberuf losgelöst und die Frage nach dem Sinn für die Individualität neu gestellt hatte, die Kursteilnehmer darauf aufmerksam machen können, daß etwas geschehen ist – verdeckt unter dem Mantel des Berufsbildes. Gewiß nichts Sensationelles, gewiß nichts Weltbewegendes! Verändert hatten sich die Gesichter, die gelöster waren, die Blicke, die strahlender waren, der Umgang mit Gegenständen und dem eigenen Körper, der behutsamer, freier und achtsamer geworden war. Gelöst hatte sich vor allem die Angst, die Angst, blind durch einen Raum zu gehen, die Angst, sich rückwärts in die Arme eines Partners fallen zu lassen, die Angst vor

Berührung, Freude, Trauer, Wut, die Angst, im Kreise von achtzehn Mit-
kurslern eine kleine Handlung zu improvisieren, die Angst vor der dionysi-
schen Lust des Kursleiters an Spiel, Spaß, Gebärde und Ausdruck, die Angst
vor sich selbst. Fließender waren die mechanischen Handlungen geworden,
leichter die automatische Schwere, eigener jede Geste und Gebärde. Brav-
heit und Dienstwilligkeit wichen individuelleren Blicken und Handlungen.
Mut zu neuen Erlebnissen, neuen Gefühlen, neuen Wahrnehmungen und
Begriffen wuchs. Das leise, fast starr gewordene Berufslächeln schwand
und gab einem mal ernsten, mal wütenden, mal grübelnden, mal lachenden
Gesicht Raum. Und mutig wurde die wichtigste, die wesentlichste Frage
gestellt: Bin ich, der ich stets therapiere, selbst therapiebedürftig? Bin ich
da? Bin ich anwesend? Bin ich an meinem inneren Menschen?

Eine große Frage, die kleine Schritte zur Folge hat. Wir gingen einen
winzigen Schritt auf die Antwort zu. Wir machten viele Versuche, probier-
ten dies und das aus, immer uns nach unserer Realität richtend. Ein Versuch
war dieser: Der einzelne stellte sich mitten in den großen Raum. Er versuchte zu stehen. Wirklich zu stehen. Gerade. Ohne strammzustehen. Zu
stehen ohne Befangenheit, ohne Abwehrhaltung, ohne Aggression aus
Furcht, ohne Rüstung, ohne Gehabe. Zu stehen, ohne die Haare schützend

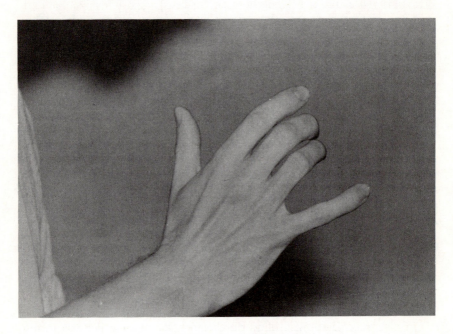

Arbeit bis in die Fingerspitzen

ins Gesicht fallen zu lassen und die Schultern der Welt entgegenzustemmen. Zu stehen und zu blicken mit offenem, gelöstem Blick. Im Raum zu stehen, seine Gestalt im Raum zu wissen, seinen Umkreis sehend und wissend. Ganz in seiner Gestalt und gelöst im Gleichgewicht. Und er sollte versuchen, mit seiner Stimme zu sagen: Ich bin hier. – Ein Mensch, der noch niemals einen solchen Versuch zur Selbstwahrhaftigkeit unternommen hat, kann nicht nachvollziehen, was es heißt, sich selbst hundertmal sagen zu hören: Ich bin hier – und zu wissen, das bin ich nicht, das ist nicht meine Stimme! Wie viele Töne und Stimmen sich Raum schaffen, ist unbeschreibbar. Die Stimme der Furcht, die Stimme der Verteidigung, die Stimme der Diskussion, die Stimme des Zweifels, die Stimme des Berufs, die Stimme der Verschlafenheit und die Stimme der Ironie! Wir, die wir zuhörten, konnten niemals getäuscht werden. Denn in jedem Menschen ist ein Sinn für die Wahrhaftigkeit des anderen. Es war oft totenstill im Raum, es war oft bedrückend still, manchmal mußten wir alle, auch der, der seine Stimme suchte, laut herauslachen, manchmal waren wir alle erschrocken oder voll mitleidendem Mitsuchen. Wenn aber die Stimme, die wahre Stimme des anderen wahrhaftig erklang: Ich bin hier! – so stand etwas im Raum, das das Schweigen ausfüllte mit einer Feierlichkeit und einer nicht hörbaren Musik, und niemand mußte sagen: Jetzt hast du es getroffen, jetzt ist es richtig! Das war von selbst hörbar geworden.

Diese Versuche veränderten den einzelnen bis in die Physiognomie, Haltung und Atmung. Nach solchen Durchgängen war es jedem leichter, durch diese und jene Anregung von mir ins Spiel gebracht, selbst seine Phantasiekraft bilden und schaffen zu lassen.

Schnell ist das Urteil gefällt, daß solche Versuche nur dem Selbstgenuß und der Erkraftung des Ego dienen.

Meiner Erfahrung nach ist die Individualität ohne Ego undenkbar. Niemand kommt zur Individualität, indem er den Egoismus umschleicht wie die Katze die Mausefalle. Wer glaubt, über den Befehl „Sei unegoistisch!" zur Individualität kommen zu können, wird sich wundern, wohin er kommt: nicht weiter als bis zu dem inneren Stimmchen, das ihm den Befehl gibt!

Das ist die Stimme des Gewissens! höre ich es sagen.

O nein, Freunde, das Gewissen ist ein Kind der Freiheit und wäre ein schlecht erzogenes Kind, wenn es befehlen würde! Das Gewissen zwingt nicht, es ist da, wie eine Blume da ist. Man darf vorbeirennen, darf drauftreten, darf sie abreißen, darf sie wahrnehmen. Das Gewissen kommt nicht zu einem wie der Mann im Ohr, der alles mögliche immer zu flüstern hat. Zu seinem Gewissen muß jeder selbst finden. Und um selbst etwas finden zu können, muß man ein Selbst sein.

Nützt aber dieses Selbstwerden und An-seinem-Selbst-Herumdoktern dem Patienten? Da also kommt sie wieder durch die Hintertüre herein, die

Frage, die wir zu Recht hinauswiesen! Nützt es dem kranken Menschen, wenn der Mensch, der ihm hilft, anwesend ist – geistes-anwesend, geistes-gegenwärtig, Person ist?

Oder nützt es dem Patienten X. mehr, wenn der Pflegende aus dem Pflege*personal* sein Selbst unegoistisch verdrängt, um ganz und gar gehorsamer Pflichtmensch zu sein, gleich, ob er einem kirchlich-religiösen Gebot oder einer Krankenpflegeideologie anderer Geistesart folgt?

Wer hilft dem Menschen, wenn nicht der Mensch? Die Pflicht und deren automatisches Ausführen hilft vielleicht dem Arm, der Wunde, der Physis, nicht kaputtzugehen, aber niemals dem Nächsten.

Wo bist du, Bruder?

Ich bin hier.

Formen der Veränderung

Sollen wir nicht mehr sollen? Müssen wir nicht auch irgendwo sollen? – Fragen, die gestellt wurden. Fragen, die mir das Bild gaben, daß ich inzwischen vom Manegenclown zum Seiltänzer geworden war: Links und rechts taten sich Abgründe auf. Das Schlimmste, was passieren konnte, war, daß ich mißverstanden wurde. – Am liebsten hätte ich manchmal gerufen: Freunde, lest die „Philosophie der Freiheit"! Da steht alles unmißverständlich! Doch die meisten haben sie (irgendwann) einmal gelesen und sie als so schwer verständlich empfunden, daß sie ihre Auslegung besser hehreren Geistern überlassen haben. Andere kennen und lieben sie. Ein Schmunzeln geht über ihre Gesichter. Ja, die Philosophie der Freiheit! Da müßten wir erst einen Arbeitskreis über Kant und Schopenhauer gründen, um überhaupt mitzukommen. Kennt jemand Spinoza? Auch er wäre interessant. – Einige wiederum sind ermutigt, mich dazu anzuregen, aus diesem gewichtigen, unverstandenen, mißverstandenen und allseitig beackerten Buch Übungen zu entwickeln! Die Philosophie der Freiheit in darstellerischen Übungen!? Mein Geist wird Trapezkünstler!

„Pflichten müssen wir doch erfüllen, sonst läuft ja gar nichts mehr!" Ein Ausruf, der mich wieder auf die Erde bringt. Weiß Gott, wir Menschen sind Entweder-oder-Wesen. Entweder Freiheit oder die Entschuldigung, daß man gerade nicht frei für sie ist! Lieber unfrei und unzufrieden als angestrengt und glücklich! Denn anstrengend kommt sie uns allen vor, die Freiheit! Was für eine Anstrengung, sich zu dem Gedanken durchzuringen, daß es nicht irgendeine Institution ist, die mich bevormundet, sondern daß es vorrangig meine eigene Bequemlichkeit ist, die dazu führt, daß andere mich bevormunden. Was für eine noch größere Anstrengung zu denken, daß es gar nicht so sehr andere sind, die mich bevormunden, sondern daß ich in mir selbst unsichtbare Vorstellungs- und Gedankenautoritäten aufbaue, Vorstellungsgenerale, denen ich gehorche. Leichter ist es einzusehen, daß einen der Hunger, die Gier nach einem Porsche, der Geschlechtstrieb, Geiz, Neid und Eitelkeit im Griff haben, als daß ein abstrakter Gott, eine Moralvorstellung, ein uneigener Gedanke das gleiche bewirken! Wer hat die Kraft, sich einzugestehen, daß er, wenn er dem inneren Gebot „Liebe den anderen!" folgt, gar nicht sich selbst folgt, solange er sich nicht fragt, ob er dieses wie eine eigene Idee in sich wach und frei trägt! Will die Liebe Gehorsame? Kann Freiheit sagen: Du sollst mir folgen und frei werden? Wer Freiheit den Menschen darstellt, tut dies in einer Form, die keinen zwingt, manipuliert, mitreißt, überwältigt, die keinem schmeichelt und von keinem Dank abverlangt. Zur Freiheit kann nur jeder selbst kommen. Auf die Fragen, ob wir nichts mehr sollen sollen und ob wir nur noch wollen müssen, gibt ein Narr nur närrische Antworten: Laßt uns zuerst dürfen können, bevor wir tun wöllten!

Hinter allen diesen Fragen allerdings steht eine leise Furcht: die Furcht vor Veränderung. Es ist eine menschliche Furcht, die nichts mit dem Beruf des Pflegenden und Helfers, nichts mit der Institution Gemeinschaftskrankenhaus Herdecke zu tun hat. Würde ich sagen: Freunde, verändert euch! – so wäre die Furcht nicht so groß. Denn dann könnte jeder zu Recht antworten: Verändere du dich erst einmal dahin, daß du anderen nicht mehr vorschreibst, was sie zu tun haben, denn es ist paradox zu rufen: Gehorcht nicht mehr eurer inneren Pflichtstimme, gehorcht meiner Stimme: Verändert euch!

Was also tun, wenn durch unscheinbare Arbeitsprozesse mittels der darstellenden Kunst der Körper weniger Schwere, die Seele weniger Druck, der Blick weniger Trübe hat, die Sinne wacher, die Begriffe klarer und das Selbst aktivierter geworden sind? Was tun, wenn Fragen auftauchen wie: Gehöre ich noch an den Platz, an dem ich lebe und arbeite? Habe ich noch Ziele? Bin ich noch in meiner individuellen Geschichte? Was tun, wenn man erkennt: In mir wacht ein anderer auf, und der andere, das bin ich mehr als der, den ich darlebe?

Ich muß hier nun etwas Persönliches erwähnen, um die Wirkung unserer Arbeit deutlich und eventuelle Folgen sichtbar machen zu können. Die zweijährige Zusammenarbeit mit dem Gemeinschaftskrankenhaus Herdekke hat mich verändert. In der Begegnung mit den dort ringenden Menschen, denen die Fragen, die unsere Arbeit aufwarfen, ebenso im Herzen brennen wie mir und die mutig und auf jedes Risiko wachsam und offen eingehend stets den Menschen im Auge haben, wachten in mir selbst Kräfte auf, die mir halfen, meine Ideale nicht total im gegenwärtigen Kulturbetrieb untergehen zu lassen. Vier Jahre Varietétheater auf Hamburgs Reeperbahn und ein Jahr hartes Zirkusleben hatten mich erschöpft. Ich begann, hinüberzukippen in die Fangarme jener unsichtbaren Autoritäten, die in einem Narrenkopf der Gegenwart sich einzunisten pflegen: Du mußt dich nur um deinen Erfolg kümmern, du bist blöd, wenn du der Menge nicht das gibst, wonach sie schreit: leicht verdauliche Albernheit und ätzenden Zynismus! Du mußt dich so verdummen, daß du ins Fernsehen paßt, dann hast du endlich Ruhe! – Die Kurse in Herdecke waren für mich Therapie. Ich wußte wieder, was und wie ich eigentlich will und warum! Ich wußte wieder, woher ich komme und wohin ich will! Und es fiel mir nicht schwer, Hamburg zu verlassen, nach Süddeutschland zurückzuziehen, in ein kleines Dorf, tief im schwäbischen Wald, um das zu erarbeiten, als Künstler und Kursleiter, was meinen Idealen entspricht; von Natur umgeben, die mir Gebärden und Gesten, Farben und Klänge gibt, die ich sehen, hören und erkennen will. Ich erwähne meine eigene Veränderung, um zu verdeutlichen, daß die Herdecker Kursarbeit durchaus ein Abenteuer mit offenem Ende ist. Es verändert. Selbst den Kursleiter. Wer sich verändert, verläßt entweder den Ort, an dem er bisher festsaß, oder er verändert durch seine Veränderung den Ort. Ein Ortswechsel allein wäre allerdings die größte Illusion! Ist irgend etwas verändert, wenn ein pflichtbewußter Mensch, der an einem Ort tätig ist, wo Menschen seine Pflichtwilligkeit ausnutzen und ihm Arbeit über Arbeit aufhalsen, plötzlich diesen verläßt, sich von der Last befreit, an einen anderen Ort geht und dort, pflichtbewußt, wieder zu Diensten steht? Nichts hat sich verändert, außer die Luft, die er dann atmet.

Eine Veränderung ist zunächst, daß sich ein Mensch über sein Ideal bewußt wird. Handelt er aus diesem, wissend, was und warum er was will, so nimmt er Zwänge und Pflichten, Müssen und Sollen in Kauf, denn vor diesen kann kein Mensch auf diesem Erdenplan fliehen. Weder indem wir Zwänge und Pflichten verringern, noch indem wir sie resigniert zur alleinigen Wahrheit erheben, entfalten wir unser volles Menschsein. Gewiß gibt es Orte, die es unmöglich machen, daß man seine Ideale verwirklicht. Ebenso aber gibt es innerhalb einer irdischen Räumlichkeit, in der Pflichten und Zwänge real vorherrschen, Orte, die von Zwang und Pflicht unberührt sind. Der individuelle, freiere Mensch ist nicht *gegen* eine Gemeinschaft von Ausführenden und Gehorchenden, sondern er ist etwas dazu. Ebenso wie in uns selbst jedes Mehr an Individualität ein Dazu zur Natur, Norm, Gewohnheit, Prägung und Gemachtheit ist.

In unseren Kursen gibt es einen Ort und einen Zeitstrom, wo Zwänge und Pflichten keinen Einlaß finden: das Spiel. Denn auch so ein Kurs ist nicht nur verwirklichte Freiheit. Da bin ich, da sind meine Vorstellungen und meine Handlungen! Ich mache Übungen vor, die Teilnehmer machen sie nach. Ich sage: So muß das sein, und: Nun sollen Sie aber mal das Glas so nehmen! Jeder will meine „autoritären" Anweisungen, denn ohne diese kämen wir nicht zum Handwerk, nicht zur Technik.

Ich bereite den Weg zum Spiel, ich kenne die Hindernisse aus Erfahrung besser, ich kenne die Bedingungen, die einzurichten sind, damit der einzelne Spieler dahin kommt, selbst seine Phantasie in Gang zu bringen. Ich bin

Hebamme der Phantasie. Keine Gebärende würde sagen: Ich bin ein freier Mensch und bringe mein Kind durch mein Ohr auf die Welt! – Im Spiel jedoch ist der Mensch ganz bei sich und daher Mensch! Er ist eins mit sich und eins mit dem, was er verwandelt und erschafft. Er ist Beobachter, Erkennender und Künstler. Er ist Schöpfer. Es wird kein Mensch sich von außen zu einem echten schöpferischen Prozeß zwingen lassen. Keine schöpferische Handlung wird jemals Ausführung einer Pflicht sein, kein großes Kunstwerk jemals Produkt des bloßen Triebes. Gewiß sind in der Geschichte Künstler von Auftraggebern zu Werken gepeitscht worden. Gewiß hat mancher Komponist aus Hunger komponiert. Warum aber schrieb er dann keine Bockwurstmusik?

In den Herdecker Kursen steht das Spiel im Mittelpunkt. Im Spiel entsteht der heilig-heitere Vorgang der liebevollen Hineinneigung in das, was wir wahrnehmen. Schöpferisches Spiel vergewaltigt oder entfremdet die Wirklichkeit nicht, sondern gibt ihr ein Antlitz. Wir arbeiten daran, daß jeder im Spiel seine Phantasie selbst zum Blühen bringen kann, eine Phantasie, die eine Mitte zwischen Zwang und Pflicht bildet, und deren Wärme und Liebe jedem einzelnen hilft, zwischen Gattungshaftem und Automatischem, zwischen Naturschwere und Illusionsleichte das Menschliche selbst immer mehr und mehr zu vervollkommnen. Die Phantasie entfernt den Menschen nicht von seinem irdischen Müssen und Sollen. Sie flieht die Welt nicht und ist nicht ihre Sklavin. Sie verringert auch nicht die Zwänge und Mechanismen. Sie entsteht allmählich, durch jeden einzelnen behutsam gestärkt und ernährt, neben dem Notwendigen. Die Phantasie ist ein Dazu, ein Mehr. Nicht im Bekämpfen der Ketten oder im blinden Mißachten ihrer Wirklichkeit entfaltet sie sich, sondern im Verwandeln des Daseins. Die Phantasie ist durch den Menschen da, durch ihn wird das Gegebene phantasievoll erneuert.

Es ist einer der Widersprüche, die unsere Gegenwart hervorbringt, daß ich innerhalb des Theaterkulturbetriebes fast die Kraft verloren hätte, an die Phantasie zu glauben. Nirgendwo tobt sich der real gewordene nihilistische Materialismus wütender seinem Ende entgegen als in unserem Kulturleben. Man kann mir zum Vorwurf machen, daß ich nicht genug Stärke hatte, um mitten im Untergang meinen Idealen treu zu bleiben. Doch ich habe, indem ich sie fallen ließ und im Strudel und grellschillernden Chaos der Unterhaltungsbranche mittrieb, ein Bewußtsein über Zwänge gewonnen, die ich vorher nicht als solche erkennen konnte. Das Wissen um die Macht innerer Abhängigkeiten hat mir vielleicht mehr den Blick dafür geöffnet zu sehen, wie die Ketten gelegt und wie die Netze ausgespannt sind. Ich bin der Überzeugung, daß die Begegnung zwischen den Herdecker Freunden und mir darum so fruchtbar ist, weil ich aus einer vollkommen anderen Welt nach Herdecke gekommen bin und weil mir dort eine mir völlig fremde Welt entgegenkam. Ich hatte den Kopf nicht voll mit sozialpsychologischen Methoden und therapeutischen Techniken, sondern nur voller „naiver" Fragen. Die Arbeit mit Menschen, für die Phantasie ein tiefes Bedürfnis ist und die über ihr Berufsbild und -selbst hinaus, Ideale zu leben versuchen, die individuell sind und heilsamer Sand im Getriebe unseres verorganisierten Gesundheitswesens sein können, hat mir den Glauben an das Schöpferische erneuert und gestärkt. So haben wir uns letztendlich tief erkannt, die Helfer und der Lachenbringer, und unser staunender Schafs- und Menschenblick hat unsere Herzen erreicht. Therapie ist letztendlich eine hohe Form von Freundschaft. In diesem Sinn arbeiten wir in Zukunft weiter an unserem Werden.

Die Mitte

Der Mensch, ein Feuervogelgeist,
der um die hohen Sonnen kreist,
der von der Sternenweisheit trinkt
und sich allwissend selbstbestimmt,
der, von des Lichtes Flut umspült,
den Gott in sich erhoben fühlt,

er ist in seiner Mitte Kind,
wenn er aus Liebe handelt
und all die Dinge, die da sind,
im Liebesspiel verwandelt.

Auch gleicht er einem Wolfsgebiß.
Er fiel die Erde an und riß
ihr tiefe Adern aus dem Leib.
Er schuf sich die Allmächtigkeit.
Er, der das Eisen fügsam biegt
und, um die Macht zu wahren, kriegt,

er ist in seiner Mitte Kind,
das aus der Liebe handelt
und das die Dinge, die da sind,
im Liebesspiel verwandelt.

(Frieder Nögge)

Fragen an zwölf Fragen

Ausschnitt aus einem Arbeitsvorgang elementarer
Darstellungstherapie
Frieder Nögge

Während eines der zehntägigen Kurse behandelten wir Fragen. Genauer gesagt: Fragen an diese Fragen. Diese Fragen entstammen meinen künstlerischen Studien über die Tierkreiszeichen und die Tierkreischaraktere. Die Anregung, diese Fragen zu entwickeln, verdanke ich Dr. Siegfried Gussmann aus Freiburg, der dem Tierkreis zwölf Worte zugeordnet hat, wobei der Begriff „Zuordnung" gewiß nicht in seinem Sinne ist. Wer mit dem Tierkreis umgeht, muß darauf gefaßt sein, daß ihm täglich ein neues Licht aufblitzt. Der Tierkreis ist etwas unentwegt Lebendiges und verlangt, daß wir uns von jedem einseitigen Gesichtspunkt frei machen.

Wir behandelten also zwölf Fragen, wobei es uns nicht darauf ankam, dadurch besser unser Widder- oder Jungfrausein zu verstehen. Diese Fragen haben mit sternbedingten Charakterzügen nicht das mindeste zu tun. Ich werde darum hier in meiner Ausführung und Beschreibung unserer Arbeit die Fragen den Zeichen nicht zuordnen. Das führt nur zu unnützen Gedankenspielereien und schädlichen Vorurteilen, wie: Aha, du fragst immer, was iss'n, bist wohl 'n Känguruh von Sternbild her, wa?!

Ziel dieser Fragenarbeit war es nicht, diese Fragen technisch verwenden zu können. Es mag ja interessant sein, einmal eine Sache von zwölf Seiten her zu befragen bzw. sich zu trainieren, alles auf zwölf verschiedene Weisen befragen zu können. Das macht das Hirn kribbelig und ist ganz lustig. Uns kam es aber viel mehr darauf an, das Ziel in der Gedankenbewegung an sich zu sehen, die frei wird, wenn man zwölf Fragen ihrem Wesen nach erfaßt und ihrer Gebärde nach erfährt. Es gibt in unserer gegebenen Wirklichkeit außer dem Menschen niemanden, der fragt. Zwölf Fragen, zwölf Menschenarten zu fragen. Die zwölf Fragen zusammen geben einem eine Ahnung vom Menschlichen, vom Wesen des Menschlichen. Zwar sitzt mein Hund auch täglich fünf Minuten vor 16.00 Uhr mit fragendem Blick vor mir, den ich mir dann so zu übersetzen habe: Wann stehst du von der Schreibmaschine auf und gibst mir Pansen? – Doch habe ich die starke Vermutung, daß dies eine Übertragung meinerseits auf seine schwarzen Augen und seine Trauerfalten ist. Er fragt nicht, er lauert auf eine Art, die fragend wirkt. Außerdem treibt ihn der Magen, er hat Hunger; da würde ich auch blöde aus dem Fell gucken.

Hund beiseite, Tierkreis herbei! Ich versuche im folgenden, den Arbeitsweg zu schildern. Es ist kaum auf Papier zu bringen, wie wir vorgehen. Sei das „Was" also dargestellt!

Wir machen eine Handlung, irgendeine alltägliche Handlung. Einer geht von links nach rechts, bleibt stehen, packt einen Klappstuhl, den er unterm Arm trug, klappt ihn auf, setzt sich, handelt etwas mit Gegenständen, sieht was, hört was, reagiert, ist in einer bestimmten Stimmung, in einer bestimmten Situation, er drückt das alles aus usw., kurzum: Eine alltägliche Situation wird dargestellt.

Die Handlung wird wiederholt, so daß jeder sie sich einprägt, bis er sie kennt. Jeder weiß, was geschehen ist, jeder kennt Ablauf und Vorgang. Nun wählt jeder eine Frage aus dem Dutzend. Die Fragen lauten:

1. Wie?
2. Was?
3. Warum?
4. Woher? Wohin?
5. Womit? Wodurch?
6. Wozu? Wofür?
7. Wogegen?
8. Wer?
9. Welche Bedeutung hat das Eine für das Ganze?
10. In welcher Lage? Ort? Zeit? Wo? Wann?
11. Woran erinnert es mich, wovon unterscheidet es sich?
12. Wen oder was betrifft es?
(Die Reihenfolge der Fragen ist nicht dem Zodiak entsprechend!)

Jeder hat nun seine Fragen gewählt. Er beginnt, nach der Gebärde zu fragen, welche dieser Frage zugrunde liegt, wobei es sich um die Gebärde der Frage und nicht um die des Fragers handelt.

Hat eine Frage eine Gebärde?

Es gibt bohrende Fragen, rasch hineilende, zurückhaltend-scheue, Überblick gewinnende Fragen, die hinaufsteigen, fließend-bewegte Fragen, umkreisende Fragen, ins Zentrum zielende Fragen, beißende, tastende, reißende Fragen, staunende Fragen usw.

Es ist immer wieder ein Vergnügen, wenn wir beobachten, wie wir von der Gebärde der Frage in die des Fragenden rutschen. Um dies zu verdeutlichen: Ein Wie-Frager muß nicht unbedingt die Gebärde der Wie-Frage ausdrücken. Die Gebärde der Frage ist scheu-zurückhaltend, sie nimmt Abstand von dem, was sie sieht (vorrangig ist es eine Augen-, dann eine Ohr-Frage). Die Wie-Frage fragt nach den reinen Erscheinungen. Sie schaut auf die Formen, Farben, Klänge, Umhüllungen, auf Naturformen ebenso wie auf Gedankenformen, auf Klangformen ebenso wie auf Gefühlsformen etc. Es kann nun aber einer dasitzen, die Stirn in die Handfläche gedrückt, und fragen: Wie konnte das geschehen? Dann ist zwar die Gebärde der Frage innerlich in ihm anwesend, er selbst aber ist in einer ganz anderen Fragehaltung.

Wir versuchten, hier sauber zu trennen und zunächst nur die Gebärde der Frage herauszuarbeiten.

Hatte der eine und andere das sichere künstlerische Gespür, die Gebärde der Frage gemäß herausgearbeitet zu haben (es gibt keinerlei Festlegung), ging er mit dieser Gebärde um. Er spielte mit ihr, berührte Gegenstände mit dieser Geste oder nahm sie in die ganze Körperhaltung auf oder nur in den Gang. Die Frage „Woher? Wohin?" ist zum Beispiel eine, in der Schritte sind, Läufe, sie geht dem Verlauf, dem Weg einer Handlung oder Geschichte nach. Sie schreitet mit und springt gleichzeitig heraus, um Anfang und Ende, Ursache, Wirkung und Folge betrachten zu können.

Wir versuchten, die Frage zum Wesen werden zu lassen, als wäre sie eine Person. Wieder achteten wir darauf, Frage und Fragenden nicht zu verwechseln.

Hatte nun jeder sich sein Fragewesen vertraut gemacht, begannen wir, mit improvisierten Texten die Handlung, die wir gesehen hatten, mit unserer Frage zu befragen. Jede Frage greift nun etwas ganz anderes heraus: Diese sucht Gründe, Hintergründe, Motive, jene schaut nach der Form, diese wieder beachtet nur das Einmalige an der Handlung, das Originelle, das Noch-nie-Dagewesene (Woran erinnert es mich, wovon unterscheidet es sich?). Eine andere Frage richtet sich auf das, was in der Handlung passiv ist, was betroffen wird, was gewissermaßen leidet. Eine andere betrachtet das Detail und bringt es schwungvoll mit dem Ganzen in Zusammenhang.

Jeder arbeitete nun heraus, was seine Frage erfaßt, was sie an der Handlung gewissermaßen interessiert. Der eine also fragte nur: Warum? und suchte, der Handlung folgend, die er gesehen hatte, nach Antworten. Warum kam der Mann von dort und ging nach da? Warum setzte er sich dahin? Warum auf einen Klappstuhl? usw. Die Antworten erzählten nun die beobachtete Handlung, allerdings eben nur unter dem Aspekt dieser einen Frage.

Der nächste Schritt war, daß jeder die Handlung unter seinem bestimmten Frageaspekt wiedererzählte. Der eine erzählte von dem, was erschien, der andere gab den Inhalt, das Was, wieder, der Dritte erzählte, woher der Mann kam, woher er den Klappstuhl hatte etc., wohin er gegangen ist und wohin er den Klappstuhl gestellt hat usw. Es wurde also die Handlung unter verschiedenen Gesichtspunkten wiedergegeben.

Zu dieser Gesichtspunktarbeit hinzu gingen wir unsere elementare Grundübung durch – ein festgelegter Ablauf von fünf Gebärden, in zwölf verschiedenen Einfärbungen, Variationen, Formen. Das heißt, wir veränderten das Wie der fünf Grundgebärden jeweils nach der Frage. So wurden die fünf Gebärden einmal rasch-dynamisch, dann bedächtig-kraftvoll, dann leicht-chaotisch, dann zögernd-tastend oder kraftvoll-ausstrahlend oder behutsam-streichelnd usw. ausgedrückt. Es arbeitete hierbei jeder individuell. Wir hielten uns alle nur an das Wesentliche der Gebärde, also ihr Tempo, ihre Stärke oder Zurückhaltung, ihre Kälte, Wärme, Schwere oder Leichte. Die Gebärden selbst suchte jeder auf seine Art auszudrücken.

An einem Abend gingen wir die Gebärdensprache der zwölf Jünger, wie Leonardo da Vinci sie in seinem Abendmahl darstellt, nachahmend-nachschaffend durch. Wir imitierten dabei nicht die abgebildeten Jünger, sondern versuchten, das Wesentliche der Gebärden frei nachzuschaffen. Wir machten die Erfahrung, daß die zwölf Fragen in diesem Bild zum Ausdruck kommen.

Als weiterer Schritt begannen wir, die Fragen zu singen. Wir sangen nicht: „Warum?", oder: „Wa-haha-ah-ruhuuuuum?", sondern wir sangen, frei improvisierend, die Musik der Frage an sich, ihre musikalische Geste, ohne Worte, summend oder auf Phantasielaute. Es entstanden gesungene Gespräche, Frage – Antwort – Gegenfrage.

Die Arbeit am Tierkreis macht singen. Die Sterne sind Musik.

Ein nächster Kurs wird uns dahin führen, daß jeder einzelne die zwölf Fragen durchgestaltet und erfährt.

Es geht dann – wie ich schon erwähnte – nicht darum, sich eine Technik anzueignen, um ein Ding von zwölf Seiten befragen zu können, sondern darum, Beweglichkeit zu gewinnen und zu erfahren, was seelisch-geistig entsteht, wenn verschiedene Fragen bewegt werden.

Unsere Aufmerksamkeit richtet sich hauptsächlich auf das, was zwischen den Einseitigkeiten, die wir wechseln, entsteht. So geht es uns zum Beispiel bei dem Wechsel von einem Temperament in das andere nicht darum, das eine oder andere perfekt darstellen zu können, sondern es geht um das, was dazwischen entsteht und frei wird. „In der Pause klafft der Geist." (J.S. Bach)

Dies ist das Ziel elementarer Darstellungstherapie. Sie vermittelt kein Handwerk und keine schauspielerische oder lebensnützliche Technik, sondern wendet sich an die Phantasie- und Vorstellungskräfte sowie an Wahrnehmung und Gedankenkräfte.

(Sollte jemand durch diesen Arbeitsbericht angeregt worden sein, gleich diese zwölf Fragen auszuprobieren und auf seinen Ehegatten anzuwenden, so empfehle ich ihm, damit zu beginnen, das hungrige Gesicht eines Hundes nachzuahmen. Es ist besser, erst auf den Hund zu kommen, bevor man am Tierkreis herumphantastisiert!)

Die Elemente des Bösen

Frieder Nögge

Die klassische Elementarlehre fand in der mittelalterlichen Mystik ihre Vertiefung und auch Subjektivierung. Daß die Elemente im Menschen nicht nur ihr positives Spiegelbild in Beharrlichkeit, Gelassenheit, Beweglichkeit und Kraft haben, sondern auch als dynamisch-chaotisierende Gewalten erscheinen können, erkannten Weise wie Jakob Böhme, Dante und Paracelsus. Sie wagten, tiefer schürfend als der klassische Grieche, den Blick in die Abgründe egozentrischer Natur. Sie hielten dem Toben der vernichtenden Urkräfte stand und trugen sie ins Licht der Erkenntnis. So wurden die reinen, kosmischen Elementarphänomene in den unbewußten Willenssphären des Menschen auch als „Elemente des Bösen" erkennbar. Beharrlichkeit wird hier zu Habgier oder zum Geiz, Gelassenheit zur Kälte des Hasses, Beweglichkeit zum chaotisierenden Neid, Kraft zur alles vernichtenden Gewalt bzw. Aggression.

In meinen Kursen gehe ich mit den Teilnehmern vom reinen Element über in die Erscheinungsformen der Untugenden. Es handelt sich hierbei im wesentlichen um eine Verkehrung des Verhältnisses von Bewegung und Atmung.

Deute ich auf etwas hin, staunend, es entdeckend, dem Objekt in seiner Erscheinung Raum lassend, folgt auf die Geste des Deutens, Zeigens, Hinweisens eine *natürliche Ein*atmung.

Gebe ich nun *willkürlich* der Geste eine *Aus*atmung, verschwindet für das Erleben sofort das Sich-Zurücknehmen und Objekt-Geltenlassen. Ein ausgestreckter Arm, ein ausgestreckter Zeigefinger und eine Ausatmung bringen nicht dasjenige zur Entfaltung, auf was ich deute, sondern meine subjektive Beziehung zu dem Objekt. Ich atme mein Selbst in den Raum, *ich* lebe im Raum. Dies läßt sich bei allen Grundgebärden erfahren.

Verinnerlichende, bedächtige Geste und Einatmung ist die Verkehrung der Besinnlichkeit.

Abwägen und Zweifeln ausatmend ist von bedrohlicher Wirkung.

Antipathie auf Einatmung ist die Offenbarung nackter Angst.

Sympathie auf Ausatmung ist Lüge, Falschheit, Verstellung.

Wir führen nun die fünf Gesten – deutend, besinnend, wägend, abstoßend und vereinend – durch die elementaren Qualitäten – schwer, leicht, fließend und kraftvoll-begeistert – und verkehren die Atmung.

Haltung, Geste und Ausdruck dämonisieren sich sofort. Die Gesten der Schwere erstarren und klammern, der mimische Ausdruck wird schmerzlich und ängstlich; die Gebärden der Leichte werden zerrissen, gierig, überneugierig, getrieben, neidisch; die des Fließenden ziehen sich zusammen, gefrieren, stülpen sich um vom empfangenden Geben zum abstoßenden

Verweigern; das Kraftvoll-Enthusiastische wird roh, brutal, vernichtend. Alles Raubtierhafte, Gewaltsame, Grausame, Versucherische und Gemeine ist als Gebärde vergegenwärtigt.

Die Teilnehmer sind bei solchen übungen zunächst erschüttert und fassungslos. Das Böse findet für das intellektuelle Bewußtsein ja niemals an einem selbst statt, und sei es nur als Möglichkeit. Es lebt auf der Straße oder in der Tageszeitung. Die Übung aber läßt es erscheinen, als Phänomen und Gesetz, das jedem sich gebärdenden und atmenden menschlichen Körper innewohnt. Das ist ein gewisser Schock. Die Willkür wird faßbar, alles Verdrängte, Verruchte und Niederträchtige als Natur des Menschen erfahren.

Erlebt wird vor allem das machtvoll Unindividuelle der Phänomene. Ja, wenn ich nicht wach bin in meinem höheren Ich, übermannt mich das Gattungshafte, das in Knochen, Fleisch, Blut, Atmung und Nerven sitzt – und ich bin ein Geiziger, ein Neidvoller, ein Hassender, ein Gewalttätiger – verloren an die machtvolle Natur des menschlichen unindividuellen Instinktes. Das erlebt der Teilnehmer. Zugleich aber auch die Möglichkeit, Naturhaftes als solches zu erkennen, Licht zu werfen auf die Ketten, die uns an Instinktives binden, und das Ich als befreiendes und zur Freiheit veranlagtes Über-Element zu erfahren. Eine tiefe Reinigung und Erkraftung ist daher Folge dieses Abstieges in die Elemente des Bösen. Erfahrbar wird das Dichterwort: Liebt das Böse gut.

Es ist mir hierbei ein besonderes Anliegen, das gerade dem sozial Tätigen, dem Sozialforscher, dem Sozialtherapeuten und Wissenden erlebbar zu machen, auch indem ich auf gegenwärtige Erscheinungen des Bösen, Grausamen und Gewalttätigen konkret hinweise, daß nämlich nicht er der Gute ist und der Radikale, die Soldaten, Killer, jugendliche Verbrecher und messerstechende Schulkinder die Schlechten sind. Das Schlechte wurzelt in unserer Gattung. Einige Menschen sind mehr Opfer des Gattungshaften, andere haben durch Moralprinzipien das Gattungshafte mehr unter Kontrolle. Die Stärke der Kontrolle aber nimmt ab. Äußere Gesetze versagen mehr und mehr vor der vulkanartigen Offenbarung der puren Gewalt und Grausamkeit. Der Mensch, der sich moralisch für gut hält und sich auf die Schulter klopft, nützt demjenigen wenig, der Knecht seiner zerstörerischen Instinkte wurde und nie eine Chance hatte, sich höhere Prinzipien anzueignen. Der „Gute" ist nicht weniger Knecht. Er folgt eben nur Tugendvorschriften und friedlichen, sozialen und gütigen Vorstellungen, die weniger seine eigenen, mehr die anderer Vordenker sind. Seine Herren sind die Edleren. Seine Unfreiheit ist nützlicher, aber nicht geringer. Er ist gezähmter Tiger, der andere ist Tiger.

Die Übungen an den Elementen des Bösen machen dies *erlebbar*. Der Tiger in uns wird erfahren und der Dompteur, gleich welchen Namen er trägt: Anthroposophie, Christentum, Optimismus, Staatsgebote, Menschenrechte usw. Aufleuchtet die Frage nach dem freien Ich, die Frage nach der Freiheitskraft, die Gehorsam und Zwang überwindet, Sollen und Müssen verwandelt, sich selbst sittliche Ideale und Liebe zur Handlung erzeugt und Liebe zur Handlung des anderen erschafft.

So wird durch diese Übungen das Böse verwendet, um das freiheitliche Element zu stärken. Es wird nicht Schockmittel, Furchtmache, Teufel-an-die-Wand-Malerei. Es wird Gegenstand, den das Ich behandeln kann und der das Ich, da es ihn behandelt, kräftigt. Jeder Bann, der durch die Beschäftigung mit dem Bösen entstehen kann und der lähmt und erkaltet, wird vermieden. Das Böse wird als gegebene Tatsache, als Material behandelt, welches das Ich individuell umschmieden kann. Anstrengung, Wärme und Phantasie sind dabei die Schmiedwerkzeuge.

> „Warum nicht selbst beginnen, wo wir warten?
> s'ist jeder seines Gutseins eigner Schmied.
> Die Rose, die sich schmückt, schmückt auch den Garten.
> Es schmückt die Menschheit, wenn *ein* Mensch erblüht."

(Frieder Nögge)

Die Krankheit der Helfer

Du träumst den Nächsten neben dir
und siehst an ihm nur, was du kennst.
Er bleibt für dich ein Schattending,
nur deiner Vorstellung Gespenst.

Du blickst auf seines Leibes Not
und richtest danach deine Tat.
Hilf ihm! – so lautet das Gebot,
du führst es aus als Automat.

Du bist der Liebespflichten Knecht,
vom schweren Dienst gebeugt.
Die Wärme, die du gibst, ist Pflicht
und nicht von dir erzeugt.

Dein Herz nimmt aus Gehorsam teil
an deines Nächsten Leid.
Das Gutsein-Sollen aber schützt
es nicht vor Müdigkeit.

Das Mitgefühl ist bald verbraucht,
dienst du auch noch so treu.
Es macht kein sittliches Gebot
die Mitleidskräfte neu!

Nicht der Befehl: Sei gut! – verjüngt,
aus ihm kommt keine Kraft.
Das Menschliche am Menschen ist,
was er sich selbst erschafft.

Erwach' zum anderen aus dir.
Sei um dein Dasein wach bemüht.
Gedenk der Rose, die den Garten schmückt,
wenn sie, sich selbst vollendend, blüht.

(Frieder Nögge)

Ich spiele, also werde ich

Interview mit Frieder Nögge
von Christine Pflug

Nögge als Regisseur
(Manegentheater Salti Nögge, 1990. Foto: Roland Bauer)

Durch eine Anfrage war der Theaterclown im Gemeinschaftskrankenhaus Herdecke gelandet, wo er nun sein Elementartheater in Kursen mit den Therapeuten entfalten sollte. Nögge hat die Kaputtheit unserer Gesellschaft in der Unterhaltungsbranche kennengelernt – Zynismus, Lust an der Dekadenz, der Untergang wird „gefeiert". Ganz anders sieht das Leben in einem anthroposophischen Krankenhaus aus – das Soziale steht an oberster Stelle, manchmal bis zur Unterdrückung der eigenen Individualität. Gemeinsam mit Manfred Grüttgen, einem Herdecker Kursteilnehmer, philosophierten wir bis spät nachts über die Unfreiheit, wenn man einerseits seine Affekte und sein Temperament auslebt oder andererseits sich durch sittliche Ideale unter Druck setzen läßt. Und Nögge wäre nicht Nögge, wenn nicht auch die Temperamente ausführlich zur Sprache gekommen wären. Letztlich führte uns das Gespräch zu der eigentlichen Kernfrage: Wie kann man durch das Spiel zur Selbst- und Welterkenntnis kommen und sich dadurch zum freien Menschen entwickeln?

Burnt-out-Syndrom, Fluktuation, soziale Schwierigkeiten

Christine Pflug: Seit zwei Jahren bietest Du hier im Herdecker Krankenhaus Kurse an, die Du „elementare Darstellungstherapie" nennst. Diese Kurse sind als eine Weiterbildung für die Mitarbeiter des Krankenhauses gedacht und sollen sie in ihrer Arbeit unterstützen. Die Kurse sollen eine therapeutische oder hygienische – je nachdem, wie man es sagen möchte – Wirkung haben. Du bist nach wie vor Bühnenkünstler, Theaterpädagoge und Autor. Wie wird man denn vom Narren und Theaterclown zum Therapeuten?

Frieder Nögge: Die Ausgangssituation war die, daß von den Mitarbeitern des Herdecker Krankenhauses etwas an mich herangetragen wurde, von dem ich gar nicht wußte, was es einmal werden sollte. Die Phänomene, die mir geschildert wurden – zum Beispiel Fluktuation unter den Mitarbeitern, Burnt-out-Syndrom, soziale Schwierigkeiten, die Tatsache, daß ausgebildete Mitarbeiter nach zwei bis drei Jahren wieder kündigten –, kannte ich alle nicht in ihrer konkreten Gestalt. All diese Phänomene lagen wie Fragen vor mir, und der Weg zum Umgang mit ihnen ging mehr über den Theaterpädagogen als über den Bühnenkünstler. Die Anfrage von Christoph Rehm und Dr. Bärbel Irion kam auch aufgrund der Methoden, die ich in meiner Schauspielschule angewandt hatte. In dieser Schauspielschule, wir nannten sie Elementartheater, haben wir Methoden aus der Elementarlehre, aus den Elementen und dem Tierkreis entwickelt, um neue schauspielerische Prozesse kennenzulernen. Aus diesem Impuls heraus geht mein Weg zu der Arbeit mit Laien. Daß sich diese dann als therapeutisch zeigt, haben wir alle erst während der Arbeit hier in Herdecke festgestellt. Natürlich stand das am Anfang aber als Frage da: Gibt es über den darstellerischen Weg Möglichkeiten, Prozesse in Gang zu setzen, die heilsam sind? Kann das wiederum die Arbeit im Krankenhaus fruchtbar unterstützen?

C.P.: Welche persönliche Entwicklung steht denn hinter Deinem Weg vom Bühnenkünstler zum Therapeuten?

F. Nögge: Es ist nicht so, daß das eine nach dem anderen gekommen ist, ich bin nach wie vor noch Bühnenkünstler. Als Bühnenkünstler erlebe ich wie ein Brennspiegel, was im Publikum an Erwartungen und seelischen Haltungen lebt. Ich kann die seelische Verfassung meiner Zeitgenossen aufnehmen und spüren.

Manfred Grüttgen: Wie würdest Du die Erwartungen und seelischen Haltungen charakterisieren?

Ablenkungsprogramm ist im Trend

F. Nögge: Man kann heute nicht mehr sagen: Der deutsche Bürger ist so und so im Theater. Man muß – das war vor zehn Jahren noch nicht so extrem – unterscheiden: Der Frankfurter verhält sich eher so, der Hamburger anders und der Berliner wiederum noch anders. Es hat sich im Kleinkunsttheaterbereich eine stark regional geprägte Konsumhaltung entwickelt. Es gibt wieder verstärkten Lokalpatriotismus.

Grundsätzlich gibt es aber die allgemeine Tendenz, daß das Kleinkunsttheater Unterhaltung zu bieten hat, die nicht belehren, nicht aufklären, nicht ernsthaft kritisch sein soll. Im Grunde soll ein großes Ablenkungsprogramm geboten werden. Die Menschen wollen sich gut unterhalten, amüsieren und keinerlei Anspruch mitmachen müssen. Das ist im Gegensatz zu der Situation vor zehn Jahren anders geworden – wobei es nichts Neues ist. Denn das gab es schon in den zwanziger Jahren. Mitten in den schlimmsten politischen Situationen – bis in die dreißiger und vierziger Jahre hinein – wurde in den Städten geswingt, getanzt, wurden Revuen aufgeführt und die politische Lage und die Lebensrealitäten verdrängt.

Das ist heute ähnlich, wobei die Vertreter der Unterhaltungskunst heute auffallenderweise Menschen sind, die man als Grenzgänger bezeichnen kann. Eine große Gruppe davon – das wurde gerade im *Spiegel* berichtet – sind Transvestiten, Homosexuelle etc. Transsexuelle, Menschen, die weder Mann noch Frau sind und sich dazu bekennen, darüber auch sprechen, erregen allgemeines Interesse bei den bürgerlichen Zuschauern. Die wissen nicht, wie sie sich dieser Grenzsituation gegenüber verhalten sollen. Das Theater bietet etwas an, das möglichst weit weg und exotisch ist. Der Zuschauer ist ebenso des Geschlechterkampfes müde, der jahrelang auch im Kabarett behandelt wurde. Das Androgyne ist zweifellos menschlicher.

Das Theater soll also etwas bieten, was möglichst fremd, exotisch und weit weg von der üblichen Realität ist. Das Subjektivste soll sich offenbaren. Das ist eine Art „Outing", ein Bloßlegen der Intimssphäre in der Öffentlichkeit. Es geht im Theater also nicht mehr um das, was alle angeht, sondern man will einen Menschen erleben, der exotisch und anders ist und den Zuschauer in sein Innenleben, in seine Intimsphäre und seine subjektiven Verknotungen von Gefühlen und Begierden hineinschauen läßt. Die Offenbarung des Subjektiven, ohne Verantwortung, ohne Aussage, ohne das Einstehen für eine Gruppe – das ist heute interessant.

M. Grüttgen: Welche Folgen hatten alle diese Wahrnehmungen für Dich?

F. Nögge: Ausgehend von diesen Wahrnehmungen habe ich mir zunächst einmal gesagt: Wenn man innerhalb dieser Gesellschaft, in der die Kultur mit dem Leben nichts mehr zu tun hat – das wird voneinander getrennt –, im Theater etwas anderes bieten will, muß man sich darüber klar sein, daß das zunächst keine große Wirkung haben wird. Man müßte eigentlich einen esoterischen Ort schaffen, der andere Inhalte durchträgt und durchhält. So haben vier Kollegen und ich vor etlichen Jahren die Freie Kleintheaterschule in Stuttgart gegründet, und nach vier Jahren gingen die Schüler hinaus und sind jetzt im freien Theater tätig. Es war ein Versuch, über die Ausbildung andere Kräfte wachsen zu lassen. Die Jugend sehnt sich ja nach einer Sinnerneuerung. Der Versuch scheiterte, da uns kein Theater mehr zur Verfügung stand, um das Neuausgebildete zu praktizieren. Ich verließ damals Stuttgart, und die Schule löste sich auf.

„Das ist kaputt!"

Mein therapeutischer Ansatz kam nun dadurch zustande, daß ich feststellte, daß der Massenanspruch an das Unterhaltungstheater ins Krankhafte führt, wenn er so weitergetrieben wird, wie er heute besteht. Es handelt sich dabei um Absonderungen. Ich möchte das einmal so beschreiben: Alle Gefühle, die ich erlebe, haben für mich eine Berechtigung, aber nicht für die Welt um mich herum. Durch die Gefühle treffe ich ständig auf mein eigenes Wesen. Wenn eine Gemeinschaft, die etwas Kulturelles erlebt, aus vereinzelten, auf ihre subjektive Gefühlswelt bezogenen Menschen besteht und der Künstler, der diese Gemeinschaft unterhält, ebenfalls seine abgesonderten Gefühle, die mit der Welt nichts zu tun haben und nur für ihn bedeutsam sind, zeigt und sie zum Inhalt seines Auftritts macht, ist das wie ein auseinanderpurzelndes Mosaik. Jedes Steinchen hat für sich eine Bedeutung, aber es gibt keinen Zusammenhang, alles fällt auseinander. Dieses Auseinanderfallen wird von den Menschen erlebt. Und es wird mit Lust erlebt. Eigentlich würde man sagen: Das ist doch dekadent, das verfälscht doch alles! Das Publikum hat aber gerade dann das Lustgefühl, wenn ausgesprochen und erlebt wird: „Das ist kaputt!" – „Den machen wir fertig!" – „Das ist total schräg und schrill!"

C.P.: Ist es also die Darstellung der Dekadenz, die das Publikum erleben möchte?

F. Nögge: Ich erlebe, daß das Auseinanderfallen ein Lustgefühl bereitet. Jedes Steinchen fühlt sich für sich wertvoll, die Zusammenhangslosigkeit wird erlebt und auch reflektiert – sie ist intellektuell längst erfaßt –, und dann ist die Stimmung auf dem Höhepunkt. Möglichst kaputt sein, möglichst schräg sein, möglichst fies sein und andere fertig machen – das ist die Devise. Zum Beispiel holt ein Entertainer einen Zuschauer aus der ersten Reihe auf die Bühne und macht ihn fertig, indem er ihn irgendwelche blöden Handlungen vollziehen läßt, ihn auf die Schippe nimmt, und der ganze Saal lacht Tränen. Und der Zuschauer findet das „völlig geil". Das ist in jeder Bühnen- und Fernsehshow so üblich. Das sind Symptome, die in den letzten Jahren in Deutschland aufgetreten sind. In Amerika war das schon länger zu beobachten. In einem Kleinkunsttheater in Hamburg werden manchmal die Leute so begrüßt: „Sie sind alle masochistisch veranlagt, dann tun Sie sich unser Programm an!" Was liegt da vor? Ich glaube, die Menschen sind innerlich so träge geworden, daß sie schockiert und getreten werden wollen.

C.P.: Ist das nicht eine Abspaltung von Handlung und Gefühl? Wenn jemand fertiggemacht wird, müßte man ja ein Gefühl von Mitleiden haben. Statt dessen findet man das lustig. Gehen dabei Handlung und Fühlen nicht genau in die entgegengesetzte Richtung?

F. Nögge: Es ist ein Anzeichen, daß die Gesellschaft zerfällt. Goethe sagte einmal: „Wenn die menschliche Anteilnahme nur noch aus Schadenfreude besteht, ist die Gesellschaft am Ende."

Ironie und ätzender Zynismus

C.P.: Stehen wir da heute?

F. Nögge: Zumindest im Unterhaltungsbereich sind wir da angekommen. Man hat den Eindruck, daß der Künstler der Welt und ihren Erscheinungen nur noch mit Ironie und ätzendem Zynismus begegnen kann. Das trifft natürlich auch ganz besonders für das uns heute so beherrschende Medium des Fernsehens zu. Möglicherweise ändert sich dies aber nun wieder. Der sich ausbreitende Rechtsradikalismus bringt die intellektuellen Kabarettisten wieder nach vorn. Auch die Menge ist erschüttert.

Für mich aber sehe ich einerseits die Möglichkeit, in fünf bis sechs Jahren nur noch in irgendwelchen „Katakomben" vor zehn Zuschauern aufzutreten, um überhaupt noch Dinge bringen zu können, die „anstrengend" sind: Ich singe Lieder, die lustig und gleichzeitig ernst sind, ich singe Lieder, die geistig etwas aussagen – das will heute keiner mehr aushalten. Ich beziehe einen Standpunkt, habe eine individuelle Ansicht, habe einen Gedanken ... Wer interessiert sich noch dafür und hat die Kraft, das auszuhalten? Das werden tatsächlich immer weniger Menschen! Die andere Möglichkeit ist die, hinzusehen, was mit meinen Zeitgenossen los ist und durch die Kunst direkt etwas Gesundendes in Gang zu bringen. Das sehe ich als meinen Weg an.

M. Grüttgen: Wäre daraus die Konsequenz, daß Du von der Bühne runtergehst und den Menschen durch die Kunst das bringst, was gesundend ist?

F. Nögge: Ja, aber nicht nur. Ich gebe deshalb die Bühne nicht auf.

C.P.: Ist die Bühne für Dich der Ort, an dem Du erkennst, was die Menschen heute bewegt und was im Sozialen gebraucht wird?

F. Nögge: Ja, das ist auf der einen Seite der Fall. Es kommt aber auch noch etwas zweites hinzu. Ich gebe nämlich außerdem noch Kurse für

Laienpublikum. Da kommen Menschen, denen es Spaß macht, diese Übungen auszuführen, und sie nehmen die Kurse für sich als Erfrischung, als Ergänzung für ihren Beruf, zum persönlichen Weiterkommen usw.

Diese Menschengemeinschaft unterscheidet sich aber von den Kursteilnehmern, die ich hier in Herdecke unterrichte. Im Vergleich dieser beiden Gruppierungen habe ich folgendes Phänomen beobachtet: Menschen, die viel Phantasie haben, gehen heute selten in soziale Berufe. Sie nützen eher ihre Phantasie und Kreativität aus, um für sich selbst möglichst viel herauszuholen. Das kann man zum Beispiel in der Werbebranche gut beobachten. Dort arbeiten Grafiker, Designer, Texter usw. mit einer hohen Potenz von Phantasie. Diese Phantasie stellen sie aber in den Dienst des Marktes und des Eigennutzes. Menschen dagegen, die in soziale Berufe gehen, stellen sich weit eher die Frage: Was soll ich eigentlich in dieser Welt tun? Man möchte kein böser Egoist, sondern ein guter Mensch sein. Das ist jetzt überspitzt und schematisch formuliert.

Die andere Seite des Wunsches, ein guter Mensch zu sein, ist aber auch die, daß man sich nicht in den Existenzkampf hineinstürzen möchte, sich nicht dem Gerangel und Chaos aussetzen will. Dadurch aber, daß man in einem sozialen Beruf steht, muß man sich fast zwangsläufig einer Autorität unterwerfen, und zwar in Form von sittlichen Idealen, die von außen kommen: Der Krankenpfleger verhält sich so und so; die Krankenschwester ist liebevoll und ständig zum Einsatz bereit, selbstlos, sich opfernd ... Im anthroposophischen Arbeitszusammenhang kommt dann noch hinzu, daß man sich 130 Vortragsbände gewissermaßen als geistige Chefs aus dem Gesamtwerk Rudolf Steiners heraussuchen kann. Man bringt sich dadurch, ohne daß man es merkt, in Abhängigkeiten. Diese Abhängigkeiten sind intellektueller Art, d.h. sie sind sittliche Pflichten.

C.P.: Ist die Autorität kaschiert?

F. Nögge: Ja, es ist in anthroposophischen Arbeitszusammenhängen meist keine persönliche Autorität – darauf wird ja immer sehr geachtet. Der Herr Doktor darf einem nicht sagen, was man zu tun hat, aber das, was man selbst von Steiner verstanden zu haben glaubt, sagt einem, was man zu tun hat. Im Grunde genommen macht man so, bedingt durch die eigene Phantasielosigkeit, Steiner zu einer Autorität. Diese Menschen bringen sich auf diese Weise in einen besonderen Leistungsdruck, den zum Beispiel ein Designer so nicht hat.

C.P.: Möchtest Du damit eine gesellschaftliche Realität polarisieren: Auf der einen Seite stehen die Phantasievollen, die sich eigennützig durchboxen, auf der anderen die sozial Tätigen?

F. Nögge: Natürlich ist das jetzt überzeichnet und zu pauschal ausgedrückt. Aber ich erlebe diese Grundtendenzen zweier Gruppierungen in unserer Gesellschaft. Die einen dienen hauptsächlich der Befriedigung ihrer eigenen inneren Zwänge. Hier in Herdecke oder auch in einer Waldorfschule oder in einer evangelischen Gruppe selbstlos tätiger Menschen erlebe ich genau das Gegenteil. Diese Menschen sagen nämlich, daß sie ihren inneren Zwängen nicht folgen können: Das wollen sie nicht, davor haben sie auch Angst. Sie werden dann nicht der Knecht ihrer inneren Zwänge, allerdings, ohne das zu merken, der Knecht dessen, was sie *sollen*. Das heißt also: Die einen müssen aus innerem Zwang, und die anderen sollen aufgrund von außen auferlegter sittlicher Pflichten. Man hat also im sozialen Bereich oftmals Menschen, die ständig „sollen". Das kann dann zu bestimmten seelischen Krankheitssymptomen führen, die man in einem extremen Beispiel bei dem Patientenmord in Wuppertal erleben konnte. Dort hat eine Krankenschwester einen ganz alten Patienten, der schon viel operiert worden war und am Schlauch hing, aus Mitleid umgebracht. Sie hat die Schläuche aus den Apparaturen herausgezogen. Der Helferwille, der von ihr aus durchaus gut gemeint war, ist somit in sein Gegenteil umgeschlagen.

C.P.: Hat hier der Helferwille eine Eigendynamik entwickelt?

F. Nögge: Je mehr man diesen sittlichen Geboten folgt und diese für sich selbst denken läßt, desto mehr stumpft der eigene Wille ab. Ein Mensch, der ständig nur dient, hat einen abgestumpften Eigenwillen.

Unfreiheit durch instinkthafte Triebe und sittliche Ideale

M. Grüttgen: Kannst Du noch einmal genauer den Unterschied zwischen diesen beiden Grundtendenzen charakterisieren?

F. Nögge: Wenn ich einen Kurs für Manager gebe, dann sind sie erpicht darauf, daß ich ihre Kreativität wecke. Und diese Kreativität ist sehr schnell wach. Diese Menschen sind phantasiegeladen, spielerisch lustvoll. Ich merke sofort, daß jede Übung, die ich mit ihnen mache, ihnen soundsoviel Mark mehr einbringt. Der Teilnehmer setzt die Kreativität, die ich in ihm wecke, nachher marktwirtschaftlich ein. Es ist natürlich nicht meine Absicht. Aber er wird dann etwa den Konsumenten noch phantasievoller übers Ohr hauen, er wird einen noch ausgebuffteren Trick finden, seine Ware zu verkaufen, wenn er mein Angebot mißbraucht. Das sind Menschen mit Phantasie, aber diese Phantasie steht oft im Dienste instinkthafter Triebe. Die einen haben die Philosophie, ihre Affekte auszuleben, sie stehen damit unter dem Zwang ihrer Affekte, die anderen stehen unter dem Druck des sittlichen Ideals, das besagt, daß man die eigenen Affekte zurückhalten solle. Beide Seiten sind aber unfrei. Durch diese Unfreiheit entstehen soziale Probleme.

C.P.: Wie sieht das denn im Kurs aus, wenn die Menschen, die bisher ihre Affekte unterdrückt haben, nun durch Deine Übungen dazu aufgefordert werden, diese darzustellen?

F. Nögge: Wenn man einen Beruf ausübt, der unter anderem darauf beruht, daß man seine Affekte weitgehend unterdrückt, löst ein Zulassen dieser Affekte Angst aus, denn das würde die Existenz bedrohen. Man meint also, wenn man Affekte zulassen würde, könnte man in dieser Position nicht mehr arbeiten. Diese Angst drückt sich im Kurs dann so aus, daß Hemmungen, Verkrampfungen, Erstarrungen erscheinen. Das Fallenlassen in den eigenen Körper und in die Bewegung ist schwer; sich dem Eros des Spieles hingeben – das kann man dann nicht mehr. Man hat dann ständig die Befürchtung, daß dadurch etwas ausgelöst wird, was die ganze Existenz, die ganzen Moralprinzipien in Frage stellt und bedroht. Man hat dann einfach Angst, plötzlich zum Egoisten und zum lustvollen Triebmenschen zu werden.

Das Spiel als Mitte zwischen Zwang und Pflicht

Natürlich kann man nun aber auch nicht blindwütig alle Affekte aufwecken, weil ein Überschuß von Sollen da ist. Man muß schauen, daß man zwischen diesen beiden Polaritäten die Mitte findet. Meine Übungen sind darauf gerichtet, daß man zunächst einmal ein Bewußtsein dafür entwickelt, wann man einer äußeren Autorität und wann einem inneren Trieb folgt. Durch die Phantasie und die schöpferische Kraft soll die Mitte zwischen diesen beiden Polen gefunden werden. Da entsteht das eigentliche Lustgefühl. In dem Moment, in dem ich handle, weil ich es will und weil ich die Gründe weiß, warum ich handle, entsteht das höchste Glücksgefühl. Das ist die Handlung eines freien Menschen. Und nichts ist uns Menschen als Übungsfeld und Vorbereitung dafür zugänglicher als das Spiel, denn das Spiel ist genau die Mitte zwischen Zwang und Pflicht. Und wenn das in den Kursen erlebt wird, fühlen die Menschen eine Erfrischung, sie sehen und erleben sich anders, sind aufgebaut.

„Feindbild Nr.1"

C.P.: Kannst Du den Umgang mit Affekten und Gefühlen an einem Beispiel noch genauer erläutern?

F. Nögge: Nehmen wir doch einmal das „Feindbild Nr.1" der anthroposophischen Kreise: den Choleriker. Zorn, Aggression und Cholerik sind etwas Übles, das darf nicht sein. Man darf sich nicht über andere Menschen hinwegtrampelnd benehmen. Man darf nicht zielstrebig auf den Tisch hauen, man darf keine Zornausbrüche und Wutanfälle haben und mit Tischen oder Stühlen um sich werfen. Das ist unsozial!

C.P.: Das wird aber auch außerhalb anthroposophischer Kreise keiner gerne haben!

F. Nögge: Aggression ist etwas, was heute in jedem Managerkurs trainiert wird. Die Aggression wird heute benutzt, um möglichst schnell und zielstrebig an das heranzukommen, was man erreichen will. Die Außenwelt geht mehr von der Realität des Antisozialen aus und arbeitet damit, während sich die Sozialen isolieren und das Antisoziale verdrängen.

In meinen Kursen muß ich aber alle vier Temperamente gleichwertig behandeln. Die Teilnehmer werden sich also anhand einer Übung über das Phänomen der Cholerik bewußt. Wir üben also etwas, was allgemein wahrnehmbar ist. Wenn man im Gegensatz dazu eine Übung machen würde, die die subjektive Aggression weckt, wird man von dieser überrollt und nimmt sie dann nicht mehr als etwas Gegebenes wahr, sondern es ist das persönliche Ausleben der eigenen Aggression. Wenn man aber das allgemeine Phänomen des Zornes, der Aggression und der Wut erübt und ein Wechsel zwischen Handeln und Beschauen stattfindet, erlebt man zunächst einmal die Cholerik als eine Kraft, die sich staut, die Widerstände wegräumt etc., als eine Kraft, die man als gegeben wahrnehmen kann. Das kann man beobachten, wahrnehmen und sich dann einen Begriff darüber bilden. Man hat dann also nicht seine Aggressionspotenz gesteigert und geweckt, sondern man ist einfach durch eine Realität hindurchgegangen. Und die Kraft der Cholerik hat ja auch etwas Positives und Berechtigtes. Ohne cholerische Färbung gäbe es überhaupt kein Handeln und keine Tat. Ziel ist es, von der persönlichen Beziehung zu dieser Qualität der Cholerik wegzukommen, sie also entweder unsozial zu finden oder für persönliche Zwecke zu benutzen. Die Übungen im Kurs sind so angelegt, daß man von dem persönlichen Verhältnis wegkommt und das Gegebene erlebt.

Die Phänomene sprechen für sich

C.P.: Man erlebt also die Realität des Cholerischen?

F. Nögge: Ja, Cholerik erscheint real in der Welt als Wärme und Dynamik, als Ballung und Explosion. Das ist eine wahrnehmbare Realität, die dann auch ein Phlegmatiker erleben kann. Zum Beispiel kann man jemanden erleben, der mit eiligem Schritt durch die Räume eilt, die Türen hinter sich zuknallt; es zischt und knallt und kracht. Jetzt kann man sagen: „Das ist aber nicht sozial, was der da macht!" Damit hat man aber über den betreffenden Menschen noch gar nichts ausgesagt. Jemand anderes sagt: „Geil, so möchte ich auch sein. Dann werde ich endlich Boss." Auch damit ist über diese Person nichts ausgesagt. Statt dessen kann man wahrnehmen, wie dieser Mensch geht, wie er sich bewegt, wie er etwas macht und tut. Ich lasse einfach die Phänomene für sich sprechen. Man selbst soll sich dann dabei rausnehmen, weder Angst davor haben, noch das für gut befinden. Man muß es eben so nehmen, wie es ist.

C.P.: Ist es nicht so, daß sich bestimmte Temperamente gegenseitig ganz besonders stören und nerven?

F. Nögge: Es ist nicht nur ein gegenseitiges Sich-Nerven, sondern auch ein Sich-Bekämpfen. Alles, was sich in der Welt äußert, will sich ganz äußern. Ein Veilchen wird nicht zum Gänseblümchen, und eine Rose wird nicht zur halben Rose. Indem sich das, was von der Natur her gegeben ist, ganz äußert, entsteht ein Kampf ums Überleben. Und Temperament ist auch Natur. Ein cholerisches Temperament will sich ganz äußern, und von seiner Natur her wird es ein melancholisches Temperament völlig überrennen. Die Alternative für dieses Problem ist aber nicht, von nun an eine Halbnatur zu sein. Die volle Entfaltung dagegen bringt uns erst einen Begriff davon, was eigentlich Mensch sein könnte. Das Halbe ist das Allerschlimmste; lieber macht man etwas ganz oder gar nicht. Man betrachte doch einmal seinen eigenen Alltag, was man tagsüber immer nur halb macht und wohin einen das dann bringt. Man kann ja schließlich auch nicht mit einem halben Führerschein Auto fahren.

Voll Mensch werden

C.P.: Bedeutet das, daß jeder sein Temperament voll ausleben sollte?

F. Nögge: Ich kann in einer Gemeinschaft von Menschen nur dann Harmonie erreichen, wenn jeder, getragen von allen anderen, voll Mensch werden kann. Voll Mensch werden kann man nur, wenn man das, was in einem als Natur lebt, völlig erkannt hat. Wenn ein Phlegmatiker von Kindheit auf an immer gesagt bekommen hat, daß er zu langsam, zu lahm und zu trottelig sei, wird er sich anpassen und sich beeilen. Das ist ein Verbrechen an diesem Menschen. Er hat nie erleben dürfen, daß seine Natur langsam und bedächtig ist. Wenn er es voll hätte ausleben können, wäre ihm aufgegangen, daß er das ja nicht selbst ist, sondern sozusagen sein Material, mit dem er umgehen kann. Und dann könnte er sich überlegen, wie er davon auch frei wird.

C.P.: Das ist ja in der Theorie ganz schön, aber in der Praxis gibt es dann doch immer wieder soziale Konflikte. Wenn ich zum Beispiel als Phlegmatiker sehr lange brauche, um mir eine Sache zu überlegen, vielleicht einige Nächte darüber schlafen will, bringe ich damit jeden Choleriker an die Decke. Ist es nicht das, was die Konflikte bringt?

F. Nögge: Ja, aber deshalb, weil sich zwei Halbnaturen begegnen. Der eine muß eine Woche über den Sachverhalt nachdenken, und der andere muß ihn schlagartig und sofort wissen. Das ist aber nicht menschlich, sondern da begegnen sich zwei bloße unbewußte Naturen. Das ist dann ein Naturereignis, vor dem man dann vielleicht resigniert stehenbleiben kann. Man kann es aber auch so angehen, daß der eine nicht zwanghaft aus seinem Cholerischen heraus eine Sache sofort und plötzlich entschließen muß und der andere nicht zwanghaft aus seinem Phlegma heraus eine ganze Woche dazu braucht. Das sind dann Zwänge, die sich da begegnen, und die Entscheidung ist keine freie. Natürlich läuft das so im Alltag oft ab. Aber es ist schon einmal ein Gewinn, daß man sich darüber ein Bewußtsein verschafft. Man muß sich Klarheit darüber verschaffen, daß man sich eigentlich als Mensch nicht frei entscheidet, wenn man wie elementare Urkräfte aufeinander losgeht.

Wirklichkeit und das persönliche Verhältnis

C.P.: Würde das in der Konsequenz heißen, daß, wenn man sein Temperament besser und deutlich kennt, man dann auch leichter davon Abstand nehmen und menschlicher reagieren kann?

F. Nögge: Wenn man in solch einer Entscheidungssituation steht, geht es nicht darum, die persönlichen Affekte zu unterdrücken. Man muß sich als erstes einmal klarmachen, was das persönliche Verhältnis zu der zu entscheidenden Angelegenheit ist. Mein subjektives Verhältnis als Choleriker zu irgendeiner Angelegenheit ist das, jetzt und sofort, und zwar ohne jedes Geschwätz, ohne Probleme und ohne Gerede dieses und das zu realisieren. Es ist mein subjektives Verhältnis, das ich dann nicht runterschlucken soll, sondern lediglich ausspreche. Und dann sagt der andere, daß sein subjektives Verhältnis zu dieser Angelegenheit ist, daß man erst einmal alles ruhen lassen sollte: Die Dinge müssen sich erst einmal selbst klären und entfalten, man könnte darüber auch drei Wochen lang diskutieren, aber man sollte die Dinge nicht zu schnell beeinflussen usw. Damit ist aber über die Sache als solche noch gar nicht gesprochen worden. Wenn man dem, was in den Menschen als Natur lebt, zunächst einfach einmal Raum gegeben hat, so daß es überwunden werden kann, kann man die Sache angehen. Die Sache muß aus sich selbst heraus sprechen können, und der Mensch ist nicht nur Temperament, sondern er muß eben auch die Wirklichkeit anschauen und sich Begriffe von ihr bilden. Da Begriffe universell sind – den Kreis, den Du denkst, den denke ich auch –, haben wir eine Chance, zusammenzukommen.

Liebe zum Handeln

C.P.: Ist die Kenntnis über das eigene Temperament Voraussetzung, daß man sachgemäß wahrnehmen und handeln kann?

M. Grüttgen: Es ist nicht nur die Kenntnis des eigenen Temperaments, die wichtig ist, sondern auch die vom Temperament der anderen. Ich habe es als wichtig erlebt, daß ich diesen Kurs am Anfang zwar für mich, d.h. für meine eigene Entfaltung, Phantasie und Kreativität gemacht habe, aber gleichzeitig tue ich ihn auch für andere. Mir wird natürlich auch sehr viel über das Temperament der anderen Teilnehmer klar.

F. Nögge: Ich möchte hierzu einmal die „Philosophie der Freiheit" Rudolf Steiners zitieren: *„Leben* in der Liebe zum Handeln und *Lebenlassen* im Verständnisse des fremden Wollens ist die Grundmaxime des *freien Menschen."* Wenn ich handeln möchte und zu der Sache, mit der ich handeln will, nur eine subjektive Beziehung habe, ist das keine Liebe. Es ist dann vielleicht Ausdruck meiner subjektiven cholerischen Kraft. Wenn ich drei Wochen lang brauche, um ein Fenster zu putzen, ist das keine Liebe zur Handlung, sondern ein Ausdruck meines phlegmatischen Temperaments.

„Verständnis des fremden Wollens" heißt, daß ich auch verstehe, was der andere nicht will. Das heißt, ich sehe, wenn der andere gezwungen ist, wenn er dient, Knecht oder Sklave ist. Ich muß erst einmal unterscheiden können, was ein Mensch wollen kann und was er muß. Das, was dann Neues entsteht, das braucht im menschlichen Miteinander natürlich etwas länger.

C.P.: Entsteht so „moralische Phantasie"?

F. Nögge: Man käme jedenfalls langsam dahin. Man würde nicht aus Pflicht oder aus Affekt heraus entscheiden, sondern aus Intuition. In der Praxis ist es oft so, daß die Menschen in einer Gemeinschaft entscheiden und sich dabei ihre Wünsche, Erwartungen und Forderungen abwürgen. Es entstehen dann riesige Gebäude, zum Beispiel Waldorfschulen oder auch andere Einrichtungen. Die Folge ist dann, daß diese Gemeinschaft nach drei Jahren aus ihrer Überaktivität aufwacht, es ist kein Nagel mehr in die Wand zu schlagen oder irgendeine Tür zu streichen, und dann gehen die sozialen Konflikte los. Der Krieg bricht aus. Vielleicht hätte man besser ein paar Jahre warten sollen und wäre dann zu einer richtigen Entscheidung aus der Gemeinschaft heraus gekommen, anstatt sich von außen drücken zu lassen, zum Beispiel dadurch, daß Kinder in die Schule wollten und die Eltern Erwartungen hatten usw. Das sind doch alles äußere Zwänge, die sich später rächen.

Der Kursaufbau

C.P.: Wie sind Deine Kurse aufgebaut?

F. Nögge: Die Kurse finden mehrere Male pro Woche jeweils zwei Stunden statt. Ein Großteil dieser zwei Stunden besteht aus Bewegungsübungen, Spielen, bis hin zu Kinderspielen, Laufen, Springen, gymnastische Übungen, körperliche Aufwärmung. Ich halte das für notwendig, weil die Teilnehmer zunächst einmal ihre Körperlichkeit und Lebendigkeit erfahren müssen. Die Phantasie des Menschen kommt leichter ins Fließen, wenn der

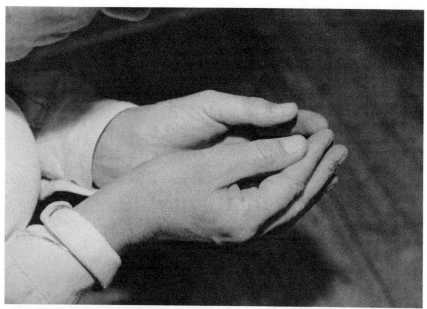

Ehrfurcht vor vorgestelltem Wasser (oben). Rhythmisches Klatschen

Körper warm und in Bewegung ist. Das ist außerdem wichtig, weil es die Angst und die Hemmungen abbaut. Ich habe zwei Arten von Angst erlebt, eine flügelnde und eine lastende Art. Die flügelnde Angst ist eine quirrlige und leicht hysterische Stimmung. Wenn Menschen in einem Kurs von mir Angst haben, eine Übung zu machen, dann fangen sie an zu gackern und herumzuhüpfen. Diese Angst habe ich hier in Herdecke nicht so erlebt, sondern mehr die lastende Angst. Die Teilnehmer werden dann starr, steif und bewegungslos. Dafür sind auch Übungen mit Berührungen wichtig. Die Teilnehmer fangen sich zum Beispiel gegenseitig auf, klopfen sich ab. Weiterhin gibt es auch sinneserweckende Übungen, die das Hören, das Sehen, das Tasten, Riechen usw. erwecken. Durch diese Übungen werden die Menschen entspannt, kommen ins Schnaufen, die Atmung wird befreit. Dadurch sind gewisse organisch gebundene Ängste gelöster.

Ein weiterer Bereich des Kurses ist das Elementartheater. Erscheinungen und Phänomene, die draußen in der Natur gegeben und wahrnehmbar sind oder auch dann am Menschen sich ausdrücken, werden behandelt. Das sind zunächst die vier Elemente in ihren verschiedenen Qualitäten, also das Feuchte, das Trockene, das Luftig-Chaotische und das Wärmehafte. Als nächstes werden Übungen gemacht, die verdeutlichen, wie unsere körperliche Konstitution aus diesen vier Grundelementen zusammengesetzt ist. Auch unser Lebensgefühl ist mit diesen Elementen verbunden.

„Elementare Darstellungstherapie"

C.P.: Du nennst Deine Kurse „elementare Darstellungstherapie". Was ist das?

F. Nögge: Der Begriff „elementar" meint, daß mit Mitteln wie Geste, Haltung, Bewegungsablauf versucht wird, grundlegende Vorgänge, die in uns seelisch-geistig ablaufen, über darstellerische Wege zu erfahren. Das wird mit dem ganzen Körper gemacht, mit der Gestik, mit der Atmung und mit dem, was an Vorstellungen und Empfindungen aufgrund dieser Gestik, Atmung usw. in uns vorhanden ist.

C.P.: Wie kann man sich so eine Darstellung vorstellen?

F. Nögge: Eine der Etüden – ein Ablauf von Übungen, die ich entwickelt habe – bezieht sich zum Beispiel auf Wahrnehmung und Begriffsbildung. Wenn ich etwas wahrnehme, bin ich mit meinen Sinnen auf das Wahrgenommene konzentriert. Ich bin also draußen in der Welt. Dann wendet sich meine Aufmerksamkeit von der Außenwelt ab und ich behalte von dem Wahrgenommenen ein Gegenbild – eine Vorstellung, ein Gedankenbild – in mir. Ich habe dann etwas in mir, das ich mitnehme. Dies bewege ich in mir und versuche, zu einem Begriff zu kommen und Zusammenhänge zu sehen. Ich wäge ab, suche eine Entscheidung, taste voran und finde dann

Zielstrebigkeit

den Begriff. Ich nenne das Wahrgenommene beim Namen. Nachdem ich dann den Begriff gefunden habe, komme ich mit dem in der Außenwelt Wahrgenommenen wieder zusammen.

Das ist zum Beispiel ein ganz elementarer Vorgang. Ich übertrage ihn in Gebärden, Gesten und Haltungen. Ich lasse im Unterricht die Teilnehmer diesen Vorgang, der sonst unbewußt abläuft, gestisch nachvollziehen. Das heißt, wir machen eine Gebärde, die in die Welt hinausgeht, eine weitere Geste, die Verinnerlichung hervorruft, dann eine, die abwägt, zweifelt und vorantastet, dann eine, die entscheidet, entschließt, aktiv und zupackend ist, und zum Schluß wird der Zusammenhang von außen und innen zum Ausdruck gebracht. Es wird Sympathie, Einheit, Einigung dargestellt. Diese fünf Schritte werden in ganz einfachen, archaischen Gebärden zum Ausdruck gebracht. Das bezieht sich auf die Gesten und auf die Raumesrichtungen – heraus in die Welt, hinein in mich, Wechsel zwischen Innen und Außen, gegen das Außen, eins mit dem Außen ...

C.P.: Sind diese fünf Schritte bzw. Urbilder in ihrer Darstellung von Dir festgelegt, oder kann sie jeder so ausdrücken, wie er sie empfindet?

F. Nögge: Diese erste Übung ist von mir festgelegt. Der Teilnehmer lernt zuerst einmal, diese wahrzunehmen und nachzuahmen. Die Nachahmung

Gesten der Selbstbesinnung

ist die erste Stufe, die zweite ist das Nachschaffen. Die Teilnehmer machen dann nicht mehr das, was ich vormache, sondern greifen einen Impuls auf und schaffen aus dem heraus etwas Eigenes. Als dritte Stufe kommt dann die Neuschöpfung, d.h. der Teilnehmer schafft selbsttätig etwas ganz Neues und Individuelles. Auf diese drei Stufen ist der ganze Unterricht aufgebaut.

C.P.: Sind diese drei Stufen dann die Methoden Deines Unterrichts und die Etüden sozusagen ihr Inhalt?

F. Nögge: Ja, so ist es.

C.P.: Die erste Etüde besteht also darin, daß die Grundgebärden durch die vier Elemente geführt werden. Erhalten die Grundgebärden durch die Elemente eine Färbung?

F. Nögge: Der erste Schritt der Etüde sind die Raumesrichtungen, also vorne, hinten, oben und unten. Der zweite Schritt sind die Gebärden und die Gesten. Als dritter Schritt werden die Gebärden und Gesten durch die vier Elemente geführt. Sie werden dargestellt mit dem Empfinden der Weite, der Enge, der Schwere und der Leichte.

C.P.: Wie kann man sich das vorstellen?

F. Nögge: Wenn ich zum Beispiel mit meinem Lebensgefühl nur im Knochen bin, erlebe ich Schwere, wenn ich im Wechsel von Ein- und Ausatmung bin, erlebe ich Leichte, wenn ich mir vorstelle, daß ich von Flüssigkeit, Wasser, Blut durchflossen bin, bin ich im Wässrigen (Weite), und wenn ich die Wärme erlebe, die durch Handlung und Muskelarbeit entsteht, erfahre ich das Feurige (Enge).

C.P.: Das sind dann nicht nur reine Vorstellungen, sondern auch Bewegungen und Erlebnisse?

F. Nögge: Ja. Wenn man die Wärmeübungen macht, muß man auf eine bestimmte Art und Weise so dastehen, daß man auch ordentlich ins Schwitzen kommt. Es wird einem warm.

C.P.: Kannst Du diese Haltung einmal charakterisieren?

F. Nögge: Man steht mit abgewinkelten Knien so da, als würde man auf einem Hocker sitzen. Dabei muß man die Oberschenkel-, Unterschenkel-, Bauch- und Rückenmuskeln anstrengen. Die dazugehörigen Gebärden sind dann sehr stark, dynamisch, voll und warm. Wenn man das drei bis vier Male gemacht hat, steht einem der Schweiß auf der Stirn.

Von den Elementen zu den Temperamenten

C.P.: Nach dem Darstellen der vier Elemente kommen die vier Temperamente an die Reihe. Wie ist der Übergang?

F. Nögge: Die Elemente sind etwas Naturhaftes und Archaisches, dem man als Mensch unterworfen ist. Dadurch, daß ich Knochen habe, gehöre ich zur Erde und erlebe mich als zur mineralischen Welt gehörig. Das melancholische Temperament entsteht zum Beispiel dadurch, daß der physische Leib – also das Mineralische – Vorherrschaft über die Leichte, die fließende Weite und das zielstrebig Aktive hat. Je nachdem welches Element im Menschen dominiert, entsteht daraus das Temperament. Nachdem wir durch alle vier Elemente gegangen sind, erleben wir als nächsten Schritt, was im Menschen entsteht, wenn nur ein Element vorherrscht. Wie befinde ich mich als Mensch, wenn die Schwere überhand nimmt und die Atmung, Bewegung, Handlungen und das Vorstellungsleben bestimmt? Wie ist dann die Haltung zur Welt, die seelische Verfassung?

Wenn wir zum Beispiel den Melancholiker machen, gehen wir ganz vom Element der Erde aus. Wenn die Menschen diese Übung machen, sehen sie aus wie Wurzeln oder Steine. Sie haben dann nichts Menschliches mehr. Dann stehen wir auf und gehen in die typische Haltung des Melancholikers, der kriecht ja nicht mit der Nase auf dem Boden. Er hat den Kopf leicht geneigt, die Schultern hängen etwas vor und die Gliedmaßen sind lang und ungelenk. Wenn man diese Haltung einnimmt, erlebt man, daß etwas von dem erdhaften Schwereelement meinen Atem und meine Impulskraft beeinflußt. Ich bin dann nicht mehr in der Lage, leicht aufzustehen und irgend etwas zu machen. Ich fühle mich eher träge, bewegungsunlustig, starr und unbeweglich und dadurch erkaltet. Durch diese Kälte entstehen auch Schmerzen, und ich ziehe mich immer mehr in mich zurück. Ich beginne zu grübeln, habe düstere Vorstellungen und regle alles mehr über meinen fixierenden Verstand. Ich denke über Gewesenes nach, anstatt mutig zu handeln. Diese Seelenstimmung stellt sich dann ein.

Die Form erweckt Gefühle

C.P.: Geht Ihr der Reihe nach alle vier Elemente bzw. Temperamente durch?

F. Nögge: Ja. Der Weg geht dabei von außen nach innen. Wir nehmen über den Körper eine bestimmte Haltung ein. Wir nehmen die charakteristische Haltung eines Melancholikers, Phlegmatikers, Sanguinikers und Cholerikers ein. Wir schlüpfen sozusagen in die Haut des anderen – in seine Körperhaltung, in seine Konstitution, in seine Physiognomie. Ich muß dann natürlich darauf achten, daß ich auch meine Gefühle der Form, also der Körperhaltung, ganz zur Verfügung stelle. Ich darf nicht in einen Choleriker hineinschlüpfen, zielstrebig gehen und handeln und das subjektiv ganz furchtbar finden. So erfahre ich nicht, was er erlebt, sondern nur mein eigenes Verhältnis zum Cholerischen. Ich muß also auch meine Vorstellungskraft und seelischen Schwingungen dieser Form zur Verfügung stellen. Das ist ungefähr so, als wenn man einen Generalsrock anzieht. Es geht dann nicht darum zu sagen: „Ich bin aber Pazifist!", sondern man muß sich hineinfühlen, wie sich so ein Mensch in diesem Generalsrock fühlt. Kleider machen andere Gefühle – nicht andere Leute.

C.P.: Könnte man sagen, daß man ein Temperament als Kleidungsstück anzieht?

F. Nögge: Ja, genau so, und dann füllt man es innerlich aus. Man kann dann die Realität erleben, daß eine bestimmte Form Traurigkeit, Leichtigkeit, Schläfrigkeit oder auch Zielstrebigkeit erweckt. Jeder kann das für sich erleben und nachvollziehen.

C.P.: Und wie geht es dann weiter mit den Etüden?

F. Nögge: Nach dem Abschluß der vier Elementaretüden kommt die Zwölfheit. Jedes Temperament kann sich nach zwei Seiten hin mischen, dann entstehen weitere acht Temperamentformen. Der Mensch hat drei Grundtemperamente. Von den vier Temperamenten schließen sich jeweils zwei aus: Das cholerische Temperament schließt das phlegmatische aus, das sanguinische das melancholische. Man kann also cholerisch-sanguinisch sein und cholerisch-melancholisch. Das ist so in der Temperamentslehre. Demnach gibt es zwölf Temperamente.

Im Leben dagegen gibt es alles, dort gibt es auch sanguinische Melancholiker und phlegmatische Choleriker. Das kann man an den Lebensstufen sehen: Ein Kind im zweiten Lebensjahrsiebt ist Sanguiniker, auch wenn es Melancholiker ist. Man hat dann als persönliches Temperament den Melancholiker, das Kindheitstemperament in dieser Zeit ist der Sanguiniker. In der Pubertät hat man dann auch zum Beispiel phlegmatische Choleriker. Eine knackige 13jährige Dampfnudel ist einfach ein phlegmatischer Choleriker. Dann gibt es aber wiederum Menschen, die noch mit 40 Jahren ihr Temperament aus dem dritten Lebensjahrsiebt festhalten. Von ihrem Wesen her sind sie Phlegmatiker, aber durch diesen Stillstand sind sie phlegmatische Choleriker. Das liegt daran, daß sie ihre Jugendkräfte ewig halten wollen.

Der Tierkreis

In der reinen Lehre aber gibt es zwölf Temperamente, die wiederum dem Tierkreis zuzuordnen sind. In dieser Zuordnung besteht dann die zweite Etüde. Die Inhalte sind dabei folgende: Von welchem Standpunkt aus betrachte ich die Welt? Welche Charakterkräfte rühren vom Tierkreis her? Wie ist dabei die Gestik und die Mimik? Die Endaufgabe dieser Etüde wäre, daß man zum Beispiel an einer Bushaltestelle zwölf verschiedene Charaktere darstellen kann, in der Weise, wie sie dann gerade auf den Bus warten.

C.P.: Das sind also dann die zwölf Tierkreischaraktere. Wie würde sich denn ein Widder an der Bushaltestelle verhalten?

F. Nögge: Dabei besteht jetzt folgende Gefahr: Wenn der Widdergeborene oder jemand, der mit einem Widder verheiratet ist, das jetzt liest, sagt er sofort: „Genau wie bei mir!" oder: „Aha, so ist mein Schorschle auch!" Das aber ist Unsinn! Denn was wir hier behandeln, sind die Urkräfte, die in einem Widdercharakter liegen. Das heißt noch lange nicht, daß jemand, der im Widderzeichen geboren ist, sich dann auch entsprechend verhält. Wenn ich jetzt also den Widder beschreibe, schildere ich die Widderkraft an sich, und nicht jemanden, der im Zeichen des Widders geboren ist.

Der Widder hat die impulsivste und aggressivste Urkraft, er ist derjenige, der den ersten Schritt macht. Wenn sich ein Kind zum ersten Mal aufrichtet – das ist die Widderkraft. Dann entdeckt das Kind die Welt, und es geht eine Erlösung durch das ganze Kind hindurch. Es liegt also auch eine ungeheure Menschwerdungskraft darinnen. Dazu braucht es ein Temperament, das von innen heraus dynamisch und nach außen hin beweglich ist. Der Widder ist nach innen hin Choleriker und nach außen hin Sanguiniker. Es ist eine Kraft des Anfangs und des Frühlings, es ist wie der Grashalm, der durch den Beton hindurchbricht. Die Materie wird durchbrochen und die dahinter stehende Idee ergriffen. Der Widder ist Idealist. Seine Frage ist: Woher, wohin?

Ein Widder an der Bushaltestelle

C.P.: Und wie verhält er sich nun genau an der Bushaltestelle?

F. Nögge: Er wird den Fahrplan mit einem Blick überschaut haben. Dann stellt er fest, daß er eine Viertelstunde warten muß, überlegt dann rasch und zügig, ob es sich lohnt zu warten oder was man statt dessen alles tun kann. Er wird dann den Bus in alle Himmelsrichtungen verfluchen, denn in seinem Geiste ist er bereits am Ziel. Vielleicht versucht er dann zu trampen. Falls er eine Viertelstunde warten muß, wird er hin- und hergehen, unruhig sein und sich in seinem Kopf ausdenken, welches völlig neue Bussystem man in der Welt einführen sollte. Es soll einfach aus der Welt geschafft werden, daß jemand eine Viertelstunde unnötig auf den Bus warten muß. Es müßte immer Busse geben, die fahren. Wenn er sich jetzt entscheidet, mit dem Bus zu fahren, dann muß der Bus eben auch da sein. – Das wäre die Karikatur eines Widders.

C.P.: Das sind jetzt also die zwei Etüden. Gibt es dazu noch andere Übungen?

F. Nögge: Ja, die Improvisationen. Man kann erst richtig in die Etüden hineingehen, wenn man das Improvisieren gelernt hat. Man kann es folgendermaßen aufteilen: Zuerst kommt die erste Etüde mit Grundgebärde, Elementen und Temperamenten. Als zweiter Schritt kommen die Gesetzmäßigkeiten der Improvisation: Wie lerne ich ohne Konzept, ohne Regieanweisung und ohne Anleitung frei spielen? Wie erzählt man eine Geschichte und stellt sie anschließend dar? Das ist allerdings das Schwerste, was man sich vorstellen kann, und in Herdecke sind wir hier am allerersten Anfang: Wir improvisieren eine einfache Handlung. Danach kommt der dritte Part: der Tierkreis. Darauf aufbauend kommt dann eine Improvisation: Ich würde den Teilnehmern zwei Stichworte geben, zum Beispiel Micky Maus und Karottensaft. Sie müßten mir danach zwölf verschiedene Szenen vorspielen mit Micky Maus und Karottensaft. Das ist allerdings sehr fortgeschritten, und ich habe das nur mit meinen Schauspielschülern gemacht. Hier in Herdecke sind wir nur bei Teilsequenzen davon angelangt.

Natürlich entwickle ich auch viele Übungen im Moment der Stunde. Es kommt ganz darauf an, wie die Menschen in den Kurs kommen, welches Echo hinterher war, und auch auf das, was im Kurs selbst entsteht. So mache ich zum Beispiel gegenwärtig Übungen über die Urkräfte des Bösen: Haß, Neid, Habgier und Gewalt. Das lebt ja auf unseren Straßen. (*Siehe zu den Übungen Nögges Artikel „Elemente des Bösen", S.33 ff.;* Red.)

C.P.: Wie nimmst Du wahr, was die Menschen brauchen?

F. Nögge: Ich schaue einfach hin: Ein Teilnehmer hat vielleicht Probleme in der Weise, daß ihm sein Körper im Weg steht, oder er hat furchtbare Hemmungen und traut sich nicht aus sich heraus – das sind meistens ganz einfache und simple Dinge. Mancher ist müde oder erschöpft und lustlos, oder er kommt ganz erkaltet an. Mit manchen Teilnehmern muß ich drei oder vier Wochen daran arbeiten, daß sie bis zu ihren Fußsohlen hinunter atmen. Wenn sie das dann geschafft haben, dann sind sie völlig da, präsent.

Was bewirken die Kurse?

C.P.: Wie ist langfristig die Wirkung Deiner Kurse für die Teilnehmer?

F. Nögge: Die Teilnehmer haben mir gesagt, daß sie besser wahrnehmen und genauer hinschauen können. Das betrifft sowohl die eigene Person als auch die Menschen, die um einen herum sind. Sie können sich besser in andere hineinversetzen. Sie können im Alltag freier und beweglicher mit Situationen, die neu auf sie zukommen, umgehen. Es ist ein Gefühl, daß sie frischer, wacher und mehr sie selbst sind. Auch haben mir Teilnehmer gesagt, daß sie schneller zu Entscheidungen kommen, auch zu solchen, die sie schon seit Jahren hin- und herbewegt haben.

C.P.: Könntest Du Dir auch vorstellen, diese Kurse für die Patienten des Krankenhauses anzubieten oder auch für Menschen, die gar nicht hier in irgendwelchen Zusammenhängen stehen?

F. Nögge: Diese Kurse sind für diejenigen, die mich danach fragen. Und sofern ich in der Lage bin, gebe ich sie dann auch überall. Demnächst gebe ich ähnliche Kurse für Lehrer einer Waldorfschule und anschließend auch für Menschen, die eine Ausbildung machen in „Kunst im Sozialen" (Ausbildungsgang an der Alanus-Hochschule, Alfter).

Lachen ist gesundend

C.P.: Man hat aus der Eurythmie Heileurythmie gemacht, aus der Sprachgestaltung Sprachtherapie, und auch alle anderen anthroposophischen Künste – seien es Plastizieren, Musik, Malen etc. – wurden zu einer Heilkunst gemacht. Bist Du dabei, aus dem Schauspiel eine Schauspieltherapie zu machen?

F. Nögge: Ich bleibe Künstler! Ich mache aus meiner Kunst keine Heilkunst. Ich mache mit meinen Kursteilnehmern einen künstlerischen Abend und nicht eine heilkünstlerische Stunde. Als Clown habe ich von den Menschen das Echo bekommen, daß das Lachen heilend und gesundend ist. Das ist zwar eine platte Feststellung, aber sie ist eben wahr. Nun wird aber zu mir als Clown niemand sagen, daß ich ein Therapeut sei. Auch wie man zu einem Therapeuten niemals sagen könnte, daß er ja eigentlich ein

Nögge als Regisseur
(Manegentheater Salti Nögge, 1990. Foto: Roland Bauer)

Clown sei. Ich würde es nie wagen, mich als Therapeuten zu bezeichnen. Ich mache die Wahrnehmung, daß Menschen, die sich tätig, geistig wie physisch, anstrengen, Phänomene zu sehen und vorzustellen, das Leben, wie es erscheint und sich äußert, sprechen und wirken lassen, sich gesunden. Das Natürliche tun ist in unserer Gegenwart Therapie, das menschlich Normale ist das Gesundende. Richtig atmen, lachen, weinen, seine Konstitution annehmen und das Individuelle wecken und erwärmen, das ist schon viel.

Heimweh

Ich habe Heimweh nach einem Feuer,
das aus den Sternen kommt und mich verbrennt.

Ich find' bei Frauen nicht und nicht bei Freunden
die Glut der Flamme, die die Welt nicht kennt.

Ist es der Zorn vielleicht eines gerechten Himmels?
Ist es die Liebe, die das All durchdringt?

Ist es im Lachen eines spielenden Kindes?
Ist es die Sonne, die hinterm Wald versinkt?

Ich habe Heimweh nach einem Brennen,
das nicht vom Fleisch kommt und nicht vom Blut.

Ob es Ideen gibt, die wir noch nicht erkennen,
und die voll Wärme sind und gut?

„Die Sternwelt wird zerfließen
zu goldnem Lebenswein.
Werden wir sie genießen
und neue Sterne sein?"*

Ich habe Heimweh nach einem Feuer,
das mich verwandelt, mich verbrennt.

(Frieder Nögge)

---

* Frei nach Novalis

„Nögge" in der Weiterbildung

Anmerkungen aus der Begleitung der Kurse im Gemeinschaftskrankenhaus Herdecke
Michael Brater / Anna Maurus*

Vorbemerkung

Der Clown Frieder Nögge hat sich versuchsweise von der Bühne in Übungsräume des Krankenhauses Herdecke begeben und sein „Elementartheater" in der beruflichen Weiterbildung von Krankenschwestern, Kunsttherapeuten, Ärzten und Verwaltungspersonal der Klinik eingesetzt. Inzwischen haben schon fast zehn Kurse, teilweise aufeinander aufbauend und jeweils mit zehn bis fünfzehn Teilnehmerinnen und Teilnehmern stattgefunden, durchweg mit großer Resonanz und einiger Begeisterung. Das Krankenhaus wollte natürlich wissen, was es mit diesem Weiterbildungsangebot auf sich hat, und fragte bei der Gesellschaft für Ausbildungsforschung und Berufsentwicklung in München an, ob man hier dazu etwas sagen könnte. So kam es zu einer – in keiner Weise genügenden – Begleitung des Versuchs im Frühjahr 1992. Dabei nahm Michael Brater an einem Grundkurs teil, und es wurden ergänzend ca. fünfzehn Expertengespräche mit Teilnehmern, Veranstaltern und Frieder Nögge selbst geführt. Außerdem steuerte Manfred Grüttgen, der in mehreren Kursen parallel mitmachte, viele Beobachtungen, Selbsterfahrungen und weitreichende Überlegungen bei.

Aus diesen Erlebnissen, Erfahrungen, Gedanken und Gesprächen ist der folgende Text hervorgegangen, der sich weniger um akademische Abgesichertheit als darum bemüht, von verschiedenen Erlebnisschichten her an das faszinierende Geheimnis dieser Nögge-Kurse heranzukommen, die bei allen Teilnehmern einen nachhaltigen, wenn auch sehr schwer zu fassenden Eindruck hinterlassen haben. Die ganz überwiegende Mehrheit der Teilnehmer war im nachhinein geradezu begeistert von den Kursen, man-

---

* Anna Maurus, Mitarbeiterin der Gesellschaft für Ausbildungsforschung und Berufsentwicklung, München.

Dr. Michael Brater, geboren 1944, studierte Soziologie, Psychologie, und Philosophie in München und Berlin. Mitbegründer der Gesellschaft für Ausbildungsforschung und Berufsentwicklung, in der er seit 1980 arbeitet. Publikationen: Altenpflege. Ansätze zu einem neuen Pflegekonzept auf der Grundlage einer Altersmenschenkunde. Stuttgart [2]1990 (mit G. Kaul). Eingliederung durch Arbeit. Stuttgart 1988. Jeweils mit anderen Autoren als Veröffentlichungen der Gesellschaft für Ausbildungsforschung und Berufsentwicklung im Verlag Freies Geistesleben, Stuttgart: Eurythmie am Arbeitsplatz. Die soziale Wirksamkeit künstlerischen Tuns – Erfahrungen aus einem Industriebetrieb (1987). Berufsbildung und Persönlichkeitsentwicklung (1988). Studium und Arbeit (1988). Künstlerisch handeln (1989). Künstler in sozialen Arbeitsfeldern (1990).

che konnten damit fast nicht mehr aufhören und wollten immer mehr und immer weiter. Nur wenige Stimmen waren verhalten bis kritisch, nur ein einziger Teilnehmer hat sich offen gegen diesen Ansatz ausgesprochen. Aber weder die Begeisterten noch die Kritischen konnten auf Anhieb so recht formulieren, was denn eigentlich das Besondere, was der Kern dieser Weiterbildung war, worum es dabei genau geht, und auch Nögge selbst war sich nicht so sicher mit dem, was er da veranlagt und wie es in einem Krankenhaus wirken muß. Das gilt verständlicherweise ganz besonders, wenn man die Frage stellt, was denn Elementartheater mit den Krankenhausberufen und mit beruflicher Weiterbildung zu tun hat ... Bemerkenswert waren die vielen Rätselgespräche um die Kurse herum über die gedanklich sich immer wieder entziehenden Wirkungen und Herausforderungen dieser Übungen, bei denen es gar nicht ums Theaterspielen ging, die auch nicht im entferntesten Ähnlichkeit mit einem Schauspielkurs hatten, sondern zweifellos etwas ganz Eigenständiges, Neues boten, das sich allen Teilnehmern erst allmählich erschließt. Der folgende Text möchte dazu einen Baustein liefern.

1. Improvisation und Therapie

Folgende Übung läßt einen wesentlichen Kern des Elementartheaters besonders gut erlebbar werden (und schlägt zugleich die Brücke zur beruflichen Weiterbildung): Die zwölf Teilnehmer stehen im Kreis. Nögge hat ein Stöckchen dabei, ungefähr 50 cm lang. Er wird damit gleich eine pantomimische Bewegung ausführen, bei der das Stöckchen zum Geigenbogen wird: Man sieht, wie Nögge mit langen und kurzen Strichen dem Instrument Töne entlockt. Der linke Nachbar hat die Aufgabe, nach einiger Zeit diese Bewegung mit seinen Händen aufzunehmen, das Stöckchen in der Bewegung zu übernehmen – und diese Bewegung in eine neue zu verwandeln. Dazu sind zwei Veränderungen erlaubt: Er darf die übernommene Bewegung größer oder kleiner werden lassen, und er darf sie beschleunigen oder verlangsamen. Nur daraus soll die neue Bewegung entstehen (macht man die Striche des Geigenbogens immer kleiner und schneller, kann man zum Beispiel beim Nagelfeilen ankommen).

Der erste Teilnehmer hat begriffen, was er tun soll, übernimmt das Stöckchen und ist noch so verblüfft, daß er verwirrt abbricht. Der nächste kommt aus dem Geigen nicht heraus und gibt zu verstehen, daß sein Nachbar weitermachen soll. Der geigt kurz und geht dann zum Cellospiel über, ohne rechten Übergang und mit erkennbarem Bruch. Der nächste übernimmt den Cellostrich, erkennbar ratlos. Er streicht und streicht in immer größeren, schnelleren Bewegungen, irgendwie ziellos. Plötzlich dreht sich seine Hand ein wenig, er führt die Bewegung etwas mehr von sich weg – und jeder sieht ganz deutlich: Er sägt mit einer Bügelsäge schwungvoll ein nicht allzu dickes Brett durch. Als sein Nachbar übernimmt, arbeitet es in dessen Gesicht ganz heftig. Er hatte sich eigentlich vorgenommen, das Stöckchen als Dirigentenstab einzusetzen, aber als er die Bewegung seines sägenden Vorgängers übernimmt, merkt er, daß er bei größeren Schwüngen eigentlich ein Beil in der Hand hält, mit dem er gerade Holz spaltet, und er ist nun ganz hin- und hergerissen, ob er dem folgen soll, was die Bewegung ihn lehrt, oder seiner Vorstellung ...

Man kann bei dieser Übung im Kreis herum sehr gut wahrnehmen, wer vorweg einen bestimmten Gedanken, eine Absicht über die Funktion des Stöckchens gefaßt hat, nach denen er dann die neue Bewegung einrichtet: Es gibt dann jedes Mal einen Bruch, man kann sehen, wie die aufgenommene Bewegung eigentlich unwichtig ist, nur noch pro forma ein bißchen nachgemacht wird, und wie bald der Punkt erreicht ist, an dem das beabsichtigte Vorhaben in die Tat umgesetzt wird. Da entsteht eine Art Kante, eine Zäsur, an der die mitgebrachte Intention ziemlich gewaltsam die neue Bewegung durchsetzt.

Das kann man tun, aber man sieht deutlich: Das ist ausgedacht, aufgesetzt, willkürlich, übergestülpt.

Da kommt die Anweisung von Nögge, doch mal gar nichts anderes zu tun, als die Größe und Geschwindigkeit der Bewegung zu verändern und einfach abzuwarten, was sich tut. Also sich gerade nichts vorweg auszudenken und vorzunehmen.

Das gelingt auf Anhieb nicht ohne weiteres. Zwei wichtige Erlebnisse stellen sich ein. Das erste: Es ist ganz schön schwer, den „Kopf", die Vorstellungen zum Schweigen zu bringen, weil der sich dagegen wehrt und sich in den Vordergrund drängt. Denn gleichzeitig werden eine Reihe von Gefühlen wach, die einen verunsichern: Wie soll denn überhaupt etwas dabei herauskommen, wenn man nicht genau weiß, was man will? Und wenn nun nichts kommt? Wie stehe ich vor den anderen da! Und was denkt der Nögge von mir! Peinlich, peinlich – besser, ich denke mir etwas Schönes aus, solange ich noch Zeit habe ... Es erfordert eine bewußte Willensanstrengung, die Vorstellungen, Gedanken zum Schweigen zu bringen. Zugleich entstehen Unsicherheit, Ängste, das Gefühl, sich auszuliefern, in ein Bodenloses zu fallen, und man muß sich selbst gut zureden, daß es doch schließlich um nichts Wichtiges geht.

Das zweite Erlebnis, beeindruckend, beglückend: Wenn es einmal gelingt, sich wirklich nichts auszudenken, sondern offenen Sinnes abzuwarten, sich einfach ganz absichtslos auf die Bewegung und ihre Veränderung einzulassen – dann plötzlich wächst aus dieser Bewegung selbst eine neue Bewegung hervor, dann ist es, wie wenn plötzlich ein neuer Impuls aus dem Arm selbst herauskommt und gleitend, harmonisch die aufgenommene Bewegung in eine neue verwandelt! Es geht *ohne* „Kopf", ich muß mir gar nichts vorweg ausdenken, mir keine klaren Ziele setzen, sondern ich kann mich einlassen und *mich von dem führen lassen, was da aus der Bewegung auf mich zukommt.* Es gibt aber durchaus auch die Möglichkeit, daß die Idee zur neuen Bewegung nicht aus meiner Überlegung, sondern „aus der Sache" kommt, nicht aus dem Kopf, sondern – ja, woher? Aus dem Bauch? Es ist, wie wenn die Bewegung ein Eigenleben entwickeln würde, wie wenn sie aus sich heraus sprechen, sich selbst offenbaren würde, und ich, der ich diese Entwicklung nicht bewußt intendiert oder herbeigeführt habe, brauche sie lediglich aufzugreifen und auszuführen. Ich bin nicht Autor, nicht „Produzent" dieser Bewegung, sondern lediglich Spiegel, ausführendes Organ, ich helfe nur, das, was in der Bewegung selbst liegt, zur Erscheinung zu bringen – etwas, auf das ich von mir aus nicht gekommen bin und das auch weit weg ist von allen meinen vorausgegangenen Absichten und Einfällen.

Diese Übung enthält eine erste wesentliche Grunderfahrung, die man in Nögges Elementartheater machen kann: Die Erfahrung, daß der „Kopf" dort, wo es um Körperbewegungen und Gebärden geht, gar nicht die allein entscheidende, ja nicht einmal die wesentliche, geschickte Instanz ist, sondern daß in Bewegungen und Gebärden ganz andere, meist unbewußte Kräfte und Gesetze wirksam sind, die eigentlich viel „klüger" sind als der Verstand, in jedem Fall aber reicher, weiter, phantasievoller, und daß es dem Bewegungskünstler, dem Mimen möglich, ja nötig ist, an diese Kräfte Anschluß zu gewinnen, sich von ihnen führen, tragen, belehren zu lassen.

Hier begegnet man einer Urerfahrung des *„künstlerischen Handelns"*[1], das eben nicht auf Vorstellungen beruht, sondern darauf, daß der Handelnde sich selbst zum Schweigen bringt und in sich die Sache zu Wort kommen läßt – nur daß diese Sache hier im Falle der Nögge-Übungen der eigene Körper, der eigene „Bewegungsleib" ist, der sich ausspricht. Damit erfährt man hier elementar in sich selbst Kräfte am Werk, die einem nicht bewußt sind, über die man nicht ohne weiteres Herr ist, mit denen man aber offenbar in Kontakt treten, die man in sein Leben einbeziehen kann. Hier lebt etwas im unbewußten Willen, das man normalerweise nicht freiläßt, sondern durch sein Vorstellungsleben benutzt, wenn man es auch kaum kennt. Menschenkundlich kann man diese Kräfte als die im Astralleib wirksamen unbewußten Planetenkräfte ansprechen, die wir für unsere Lebens- und Bewegungsvollzüge selbstverständlich ständig einsetzen, aber über deren Bedeutung wir uns meist hinwegtäuschen, in der Illusion befangen, wir würden unseren Körper in seinen Bewegungen und Gebärden selbst regieren.

Aber es geht uns hier gar nicht in erster Linie um die Bestimmung dieser Kräfte, sondern um die Charakteristik des künstlerischen Handelns, d.h.

---

1. Vgl. M. Brater u.a.: Künstlerisch handeln. Stuttgart 1989

eines Handelns, das nicht von vorgegebenen Zielen und festen Begriffen ausgeht, sondern das seine Ziele im Vollzug, seine Orientierungen aus der Situation gewinnt, das nicht mit fertigen Mustern an die Wirklichkeit, an andere Menschen herantritt, sondern offen zu sein versucht für die je unbestimmte, unbekannte Realität, das den Gesetzen der Sache nachlauscht anstelle der mitgebrachten Vorurteile. Dieses Handeln ist nämlich zugleich das Urbild alles therapeutischen, alles pflegerischen, alles beratenden, letztlich alles sozialen Handelns, das sich bemühen muß, das je Besondere des immer einmaligen, individuellen Menschen zu erfassen, es sich aussprechen zu lassen und das eigene Vorgehen davon leiten zu lassen.

Der Therapeut oder Pfleger hat selbstverständlich seine Begriffe, seine Theorien, alles formal Gelernte, seine Handlungsmuster im Hinterkopf, wenn er dem Patienten gegenübertritt. Aber er wird sehr schnell erfahren, daß ihm alles das in der konkreten, sozialen, therapeutischen Situation nichts nützt, ja ihn sogar handlungsunfähig macht, wenn er nicht in der Lage ist, das alles wegzuschieben, es zu „vergessen", und sich vollkommen zu öffnen für das je Individuelle, was ihm nun begegnet, wenn er also nicht in der Lage ist, diesen besonderen Fall, diesen konkreten Menschen, diese individuelle Situation „zum Sprechen zu bringen". Und mehr noch: Wie er aus dieser Wahrnehmung zum therapeutischen Rat, zur Entscheidung über das weitere Vorgehen kommt, ist ja zunächst einmal immer ein Mysterium.[2] Die Praxis läßt sich bekanntlich weder angemessen „deduzieren", noch helfen angesichts der Individualität von Krankheit katalogisierende Krankheitsbilder oder einfaches Rezept-Regelwissen wirklich dem bewußten heilenden oder helfenden Handeln weiter. Hier steht vielmehr jeder, der therapeutisch oder pflegerisch handeln möchte, in einer Situation, in der er auf „Intuitionen" angewiesen ist. Soll dieser Begriff keine Black box bleiben, muß es möglich sein, dieses Allerheiligste therapeutischen Handelns bewußter aufzuhellen und zu durchdringen. Dazu ist es eben dringend nötig, genauer zu verstehen, wie sich eigentlich solche Intuitionen bilden, woher sie kommen, wie sie Handeln leiten können, was sie behindert – und was der Therapeut oder Pfleger tun muß, welche Fähigkeiten er selbst persönlich ausbilden muß, damit er solche Intuitionen bekommen kann. Nach der beschriebenen Bekanntschaft mit den Improvisationsübungen des Nöggeschen Elementartheaters erscheint der Gedanke verlockend, daß diese Übungen vielleicht Aufschluß über diese geheimnisvollen Prozesse geben könnten – und damit womöglich Schulungsmittel darstellen, um jene Fähigkeiten zu bilden.

Damit wird die Bühne frei für den Einsatz des Elementartheaters, für die Weiterbildung von therapeutischen und sozialen Berufen. Die Improvisation – verstanden nicht als (vulgo) „durchwursteln", sondern im Sinne der

---

2. Vgl. P. Petersen: Strukturen therapeutischen Handelns. Stuttgart 1987

beschriebenen Übung als ein Handeln, das offen ist für die lenkenden Kräfte aus der Sache, aus dem Gegenüber, aus den eigenen Tiefenschichten, ein Handeln also, das *geistoffen* wird – führt unmittelbar auf den Kern einer Handlungsform, die für pflegende, helfende, therapeutische Berufe konstitutiv ist. Da aber dieses Handeln nicht aus Büchern und nicht in Vorlesungen gelernt werden kann, aber gelernt und ständig weiterentwickelt werden muß, ist die Frage brisant, ob denn das Elementartheater mit seinen Improvisationsübungen hier ein Schulungsmedium sein kann.

2. Sich einlassen

Es ist bei der oben beschriebenen Übung keineswegs sicher, daß etwas kommt, wenn man versucht, seine Vorstellungen auszuschalten. Im Gegenteil, solange man sich sicher fühlt, kommt bestimmt gerade nichts. Es geht durch einen Nullpunkt der Verzweiflung, der Leere, in der der Kopf sich immer wieder mit irgendeiner Patentlösung einzumischen versucht – und trotz aller Unsicherheit bewußt zurückgewiesen werden muß. Erst wenn er wirklich schweigt, wenn man ganz klein geworden ist, erwartungslos, wenn man innerlich wirklich bereit ist, auch den Anspruch loszulassen, man müßte irgendwie groß herauskommen oder eine besonders tolle Bewegung finden – dann plötzlich kommt das Neue aus der Bewegung selbst heraus, dann ist ganz deutlich, was daraus nun werden kann, drängt sich die neue Richtung förmlich auf.

Hier stößt man in den Improvisationsübungen auf eine merkwürdige Paradoxie: Nur wenn man loslassen kann, alle Sicherheit aufgibt, daß sich neue Handlungsmöglichkeiten zeigen werden, nur wenn man alles geschickte, gekonnte Ausdenken ablegt und es schafft, auf Rückversicherungen zu verzichten, kann jene Hilfe aus der Sache selbst eintreten. Es wird deutlich, daß man sich eigentlich nur immer selbst die Sicht auf die angemessenen Lösungen verstellt, und daß dort, wo es gelingt, diese Barriere abzubauen, Anschluß gewonnen werden kann an unendlich reiche, weise Kräftewirksamkeiten, denen man sich getrost überlassen kann. Es wird ahnbar, daß dort hinter dem Alltagsbewußtsein mit seinen begrenzten Fähigkeiten ein lebendiger Zusammenhang tätig ist, für dessen Wirksamkeit wir Auffassungsorgan werden können und der so in die Erscheinung und damit ins Bewußtsein gehoben werden kann. Gleich hinter der dünnen Wand des wachen Selbstseins gibt es weite Bezirke geistiger Kräfte, die unser Handeln anregen, leiten, impulsieren können, wenn wir sie nur zulassen und uns ihnen übergeben. Wir müssen aber offenbar aufhören, uns selbst ständig in den Vordergrund zu spielen, und wir müssen wach für jene Kräfte werden, sie ernst nehmen und Geduld, Hingabe lernen.

Zugleich mit dieser elementaren Erfahrung aus der beschriebenen Übung wächst das Verlangen, sich über die Natur dieser wirkenden Kräfte aufzuklären, auch geboren aus der Sorge, welchem Führer man sich da eigentlich anvertraut. Offenbar lebt da in unseren Bewegungsabläufen, in unserem „Bewegungsmenschen" viel mehr, als wir so landläufig wahrhaben wollen: Unsere Bewegungen sind gar nicht so sehr darauf angewiesen, von unserem Kopf her gesteuert zu werden, und sie zerfallen gar nicht notwendig in unkoordiniertes Chaos, wenn der Kopf nicht kommandiert, sondern in ihnen wohnt eine ganz eigene Weisheit, viel umfassender als das, was der Kopf kann, aber auch gelassener, in sich ruhend, weniger eitel. Offenbar gibt es so etwas wie ein „Leibgedächtnis", das nicht über das Bewußtsein wirkt, aber dann zur Verfügung steht, wenn man es sich aussprechen läßt, wenn man ihm Raum gibt dadurch, daß man eben das zielorientierte Bewußtsein nicht hineinmischt. Man erfährt die Existenz dieser Kräfte, wenn es gelingt, den bewußten Steuerungswillen loszulassen und sich diesen noch unbekannten Kräften anzuvertrauen. Man kommt an sie erst heran, wenn man selbst ganz absichtslos wird, wenn es gelingt, sich ganz unbefangen auf sie einzulassen. Im grellen Licht der bewußten Intentionen werden jene Kräfte unsichtbar, wie die Helligkeit der Sonne die Sterne unsichtbar werden läßt. Erst wenn dieses Licht herabgedämpft wird, können jene Sterne wieder wahrgenommen werden.

Viele Übungen des Elementartheaters versuchen, von immer wieder neuen Seiten an diese Grunderfahrung der im Leib, im Bewegungsmenschen, im unbewußten Willen gebundenen Kräfte heranzuführen: Zum Beispiel gab es da eine Übung, bei der die Teilnehmer in einem engen Kreis stehen, die Arme über die Schultern des Nebenmannes gelegt, eng umschlungen; der ganze Kreis fängt an, in schwingende Bewegungen zu kommen, die den ganzen Rumpf erfassen (nicht nur die Arme, wie die Stöckchen-Übung). Wenn jeder intensiv in eine solche schwingende Bewegung hineingekommen ist, löst sich die Umschlingung, jeder führt individuell die Bewegung seines Körpers weiter, gezielt, ohne dabei zu „denken", bis *aus dieser Bewegung* ein *Bild* von einer Zweckhandlung ins Bewußtsein aufsteigt. Diese Handlung wird dann bewußt ergriffen, unter Umständen verdeutlicht und rhythmisch wiederholt. Unter Umständen erzählt dann jeder nacheinander seine Geschichte zu dieser Handlung, oder die anderen versuchen, aus der Wahrnehmung diese Geschichte ihrerseits zu erzählen, mit der spannenden Frage, ob sie dabei das treffen, was der Spieler selbst erlebt hat und ausdrücken wollte.

Auch bei dieser Übung geht es zunächst wieder darum, sich gerade nicht etwas vorzunehmen und „darzustellen", sondern etwas aus den Bewegungen heraus Entstehendes aufzugreifen, sich etwas schenken zu lassen, an eine Kraft aus dem unbewußten Willen anzuschließen und sie so ernst zu nehmen, daß man sich von ihr führen läßt. Das ist unglaublich schwer! Und darin liegt eine weitere elementare Erfahrung: Was alles sträubt sich in einem gegen dieses „Loslassen"! Man kann die Spannung, die Verkrampfung förmlich greifen, man spürt bei sich selbst, wie immer wieder Gedanken aufblitzen wie: Was soll das jetzt? Oje, was könnte ich denn mal machen? Ist das nicht alles ganz lächerlich? Warum hast du dich bloß wieder auf solch einen Blödsinn eingelassen? Die anderen sind sicher wieder viel spontaner als du ... Es gibt Momente, in denen man innerlich (und auch körperlich sichtbar) völlig versteift, „trocken" wird, spröde, und einfach gar nichts mehr geht. Man fühlt sich dann auch in der Gruppe einsam, isoliert, ausgeschlossen. Welche Schwelle muß doch überwunden werden unter Erwachsenen, um jene Offenheit und Unbefangenheit des *Spielens* (wieder) zu erreichen. *Ohne* diese Schwellenüberwindung aber auch kein Anschluß an jene unbewußten schöpferischen, aus der „Sache" – hier: der Bewegung – kommenden weiterführenden, weisheitsvollen Kräfte, die den gegebenen Horizont der bewußten Absichten und ausgedachten Ziele produktiv überschreiten können. Beeindruckend auch die Erfahrung, wie gerade das alltägliche soziale „Rollenspiel" voreinander es verhindert, Rollen zu spielen ...

Ein festgezimmerter Deckel schließt uns im Alltag von jenen unbewußten, leibgebundenen Willenskräften ab, ein Deckel aus sozialen Ängsten, persönlichen Unsicherheiten und Befürchtungen, den Boden unter den Füßen und damit die Kontrolle über sich zu verlieren. Es ist ja ganz „normal", daß die Menschen in einem Krankenhaus zum Beispiel in ihren vorgegebenen Aufgabenfeldern und Beziehungsmustern miteinander umgehen, daß sie sich auf ihr professionelles Wissen berufen, wenn sie Entscheidungen treffen und handeln, daß sie sich selbst etwa bei therapeutischen Handhabungen an bewußten Regeln und Gesetzen, an klaren Erkenntnissen zu orientieren versuchen. Ihr Handeln soll verstehbar, begründbar, planvoll und „rational" sein, nur dann erscheint es verantwortbar. Von einem Therapeuten erwartet man, daß er weiß, was er tut, sonst würde man sich ihm nicht anvertrauen. Die fachliche Autorität eines medizinischen Berufs beruht darauf, wie weit es dem Ausübenden dieses Berufs gelingt, dem anderen das Gefühl seiner Kompetenz, d.h. eben seines bewußten fachlichen Wissens und Könnens zu vermitteln. Niemand geht wohl deshalb zu einem Arzt, weil der immer so gute Einfälle hat.

Es dürfte also nicht so sehr erstaunen, daß es gerade im beruflichen Zusammenhang eines Krankenhauses so schwer ist, die Handlungskontrolle des Bewußtseins abzulegen und sich auf das Spielen, auf das spielerische Erfahren ungeplanter, unbeabsichtigter Handlungsimpulse einzulassen, von denen man gar nicht wissen kann, wohin sie führen werden. In gewisser Weise begibt man sich dabei ja in eine verrückte Welt, in der die normalen Maßstäbe und Verhaltenserwartungen nicht mehr gelten, Situationen und Menschen aufhören, kalkulierbar zu sein, und ständig neue, unerwartbare, überraschende, unbekannte, interpretationsbedürftige, immer wieder aus dem Nichts zu erfassende Situationen bewältigt werden müssen.

Und doch rühren jene beschriebenen elementaren Improvisationsübungen eine ganz andere Frage auf, nämlich die nach dem Preis für jene Sicherheit und alltäglich-professionelle Handlungsgewißheit: Es wird ahnbar, daß jener Deckel, der den Zugang zu den unbewußten Willenskräften des Leibes verschließt, uns abschneidet, trennt von einem vitalen Kräftestrom, der latent in uns durchaus vorhanden ist. Brauchen wir diese Kräfte gar nicht, können wir einfach auf sie verzichten? Ist es gut, lieber gar nicht an sie zu rühren und sie unter Verschluß zu halten? Oder brauchen der Therapeut, die Krankenschwester für ihre Arbeit nicht gerade Anschluß an diese verborgene, unserem Alltagsbewußtsein unbekannte Kräfteschicht, wenn sie richtig therapieren und pflegen wollen? Die Bewegungsimprovisationen des Elementartheaters stehen zunächst nur exemplarisch für die Existenz dieser Kräfteschicht überhaupt und zeigen einen inneren Weg, wie man daran Anschluß gewinnen, wie man diese Kräfte aufschließen kann, was man mit sich alles anstellen muß, um überhaupt bereit und offen zu werden, jene Botschaften aus den Tiefenschichten der eigenen Seele und des eigenen Leibes zu vernehmen.

Nögges Kurs ist zu einem Teil ein Kampf mit den Teilnehmern gewesen, jenen Deckel doch wenigstens für kurze Zeit einmal zu lüften, um überhaupt einmal zu erfahren, was darunter wohnt. Nögge war selbst verblüfft, wie mehrfach verkeilt, verschraubt und vernagelt dieser Deckel war, wieviel Widerstand sich gegen den Versuch aufbaute, darunterzusehen, und es wurde bei einem Teil der Anfängerkurse gerade zu einem primären Lernziel, den Teilnehmern die grundlegende Erfahrung jener versperrten Tiefenwelt zu erschließen. „Spielfreude" brachten die wenigsten spontan mit, wenn auch immerhin die Sehnsucht danach. Das wurde immer sehr deutlich, wenn Teilnehmer ihre Motive und Gefühle vor Beginn einer Stunde schilderten: Trotz des Wunsches, immer wieder in den Kurs zu gehen, äußerten die meisten vor jeder Stunde Hemmungen, Zweifel, „mulmige Gefühle" und ertappten sich dabei, daß sie ernsthaft überlegten, ob sie nicht irgendeine ganz dringende andere Arbeit erledigen müßten.

Nögge griff zu verschiedenen Hilfsmitteln, um die Teilnehmer zu überlisten, jene Kräfte in den Tiefen ihres leibgebundenen Willens zumindest zur Kenntnis nehmen zu müssen. Es konnte zum Beispiel vorkommen, daß man eine Stunde lang Kinderspiele (Katz und Maus usw.) spielte, Spiele mit viel schneller Bewegung, bei denen man nicht lange nachdenken kann, sondern schnell reagieren muß, bei denen gelacht und Befangenheit abgestreift werden kann – abgesehen von denjenigen Teilnehmern, die dadurch erst recht befangen wurden. Die Gruppen reagierten hier verschieden. Immer wieder gab es neue Übungen, in denen man sich nichts ausdenken konnte, sondern bei denen es auf intensive Wahrnehmung bzw. ein Aufnehmen von Bewegungen anderer ankam, um an die eigene „Sprache" dieser Bewegungen und Gesten heranzukommen und sich von ihnen führen zu lassen. Es ging bei diesen Übungsfolgen nicht darum, etwas ausdrücken zu lernen, sondern gerade *umgekehrt:* die eigene Qualität, die eigene „Sprache" von körperlichen Bewegungen, Gesten, Gebärden äußerlich aufzunehmen und sie gewissermaßen seelisch zur Erscheinung zu bringen, zu entschlüsseln, in innerer Erfahrung. Höhepunkt dieses Bemühens war für viele das Erlebnis, rein über die Atemführung – ohne jede Vorstellung, oder ohne sich seelisch bewußt in eine Stimmung zu versetzen – in heftiges Lachen oder bewegendes Weinen zu kommen: Kräftiges Atemholen und stoßweises Atemabgeben bewirkt Lachen, stoßweises Atemholen und langes Ausatmen führt über Schluchzen zum Weinen. Nicht ein bewußter Sinngehalt führt über seelische Bewegung zu körperlichem Ausdruck, sondern eine – nun bewußt herbeigeführte – körperliche Bewegung bewirkt Seelisches bis hin zum Bewußtseinsinhalt „Lachen" oder „Weinen".

Eine rätselhafte eigene Welt der eigenen Körperbewegungen, der körperlichen Gesten und Gebärden tat sich hier auf, ein neuer Kontinent war zu entdecken. Der Nögge-Kurs wurde zur Reise in ein fast unbekanntes,

Das Staunen

vergessenes Gebiet der eigenen physischen Existenz. Der eigene Körper in seiner physisch-sichtbaren Erscheinung als Gestalt, als plastisches Gebilde, als Haltung im Raum, vor allem aber auch als sich bewegende, veränderliche Gebärde wurde hier erkundet, erlebt, neu erfahren in seiner Eigenheit, in seiner Tragkraft. Die körperliche Erscheinung in ihrer Bewegung sinkt nicht zum bloßen Ausdruck, Anhängsel, Epiphänomen einer Absicht, eines Zieles, eines seelischen Impulses herab, sondern sie wird erfahren als tragender Grund, als objektive, väterliche Welt, die „ich" nicht beherrsche und dirigiere, sondern der ich mich überantworten, anvertrauen kann und in der ich mich geborgen fühle.

Die berühmte, oft zitierte „Grundetüde", mit der man erst einmal überhaupt nicht zurecht kam, wurde im Laufe des Kurses zu einer festen Basis für diese Urerfahrung der eigenen Körperlichkeit in Raum und Zeit: Es handelt sich dabei um fünf Grundgebärden, dem „Dramatischen Kurs" Rudolf Steiners entnommen, die Nögge ohne weiteren Kommentar vormacht und die die Teilnehmer möglichst exakt, und ohne etwas dazuzutun, nachmachen sollen. Man merkt dann schon, daß es sich um eine deutende, eine abwägende, eine abwehrende usw. Gebärde handelt – aber es kommt eben gerade darauf an, dies nicht vorher in diese Gebärde hineinzulegen, sondern sie so genau nachzumachen, daß aus der inneren Erfahrung des äußerlich Nachgeahmten die entsprechenden inneren Bilder entstehen. Diese Etüde wurde am Anfang und Ende jeder Stunde geübt, und zwar zunächst völlig neutral, statisch, dann variiert entsprechend den Elementqualitäten. Das ging dann schon über diese Elementerfahrung der unbewußten Weisheit der in den Bewegungen und Gebärden gebundenen Willenskräfte hinaus und ging über zu einer Art anfänglichem Studium dieser Kräfte und ihrer objektiven Gesetzmäßigkeit. Man kann ahnen, wie nun von hier ansetzend eine systematische schauspielerische Schulung aussehen könnte, die auf dieser Erfahrung objektiver Qualitäten der „Gebärdensprache" beruht – ein Anspruch allerdings, der mit den Kursen in Herdecke weder verbunden war, noch in diesem Rahmen auch nur annähernd zu erreichen wäre.

Statt dessen boten diese Teile des Kurses elementare Körpererfahrungen im Sinne eines ersten Eindrucks von den unbekannten, verkannten Kräften, Ordnungen, Führungen, Handlungsquellen, die dort verborgen sind, aber immer geduldig zur Verfügung stehen, vieles viel besser können und überschauen als der wache Kopf und vieles auch heilen und ausgleichen, was er verfahren hat. Es mag gerade im Kontext eines Krankenhauses, in dem der Körper vor allem als schmerzend, krank, verbraucht erlebt wird, besonders wichtig sein, daß Körper – wenn auch nicht in seiner physiologischen, sondern in seiner Bewegungs- und Erscheinungsseite – als weisheitsvoll-tragend, als Quelle von Kraft und Orientierung erfahren werden kann. Schon allein dafür würde sich der Besuch des Nögge-Kurses lohnen, daß einem bewußt wird, wie viele unbewußte Kräfte hier in einem selbst schlummern, und es wäre dies allein schon eine therapeutische, eine heilsame Wirkung für die Teilnehmer, wieder eine Verbindung zu diesen abgeschnürten Bereichen der eigenen physisch-diesseitigen Existenz aufgenommen zu haben.[3] Ganz grundsätzlich leisten die Elementartheaterübungen damit einen Beitrag zur Ganzheitlichkeit der Selbsterfahrung: Ich bin nicht nur mein Kopf mit all seinen Absichten, seinem erworbenen Wissen und Können, seiner konservierten Vergangenheit, sondern ich bin auch mein physischer Körper in seiner räumlich-zeitlichen Eigenstruktur, der viel älter und gescheiter ist als mein Kopf. Zu mir gehört auch mein „Seelenleib", der ebenfalls weite Kräftebereiche unterhalb der Bewußtseinsschwelle enthält, eng mit diesem Körper zusammenhängt und sich mit ihm in der Sphäre der Bewegung verbindet. Ich habe mich in diese Hüllen „verkörpert", mit ihnen bekleidet, aber dann habe ich sie eigentlich vergessen, übersehen, mißachtet, nur als Instrument meiner Absichten angesehen. Die Übungen im Elementartheaterkurs lassen nun ahnen, daß dort ein eigenes, objektives Kräftereservoir verborgen liegt, das man zwar meist verdrängt, das man sich aber durchaus zugänglich machen kann, wenn man seine lärmenden Absichten und Strategien so weit dämpft oder zurücknimmt, daß jene viel leisere, behutsamere Sprache des „Bewegungsmenschen" hörbar wird. Dann steigen aus dieser leiblichen Willensschicht nicht Begriffe und Ziele, sondern *Bilder* auf, die ins Bewußtsein treten und nachträglich auch benannt werden können.

Nögges Übungen stellen einen Anschluß her zu einer in der Regel nicht bewußten, *Imaginationen schaffenden Kraft* in unserer leiblichen Bewegungsorganisation. Bewegungsabläufe lassen sich natürlich mechanisch beschreiben oder werden im Bereich der körperlichen Arbeit unter dem Gesichtspunkt ihrer Zweckdienlichkeit betrachtet. In der Eurythmie kann eine ganz andere Schicht erfahren werden: Bewegungen sind nämlich auch Ausdruck bzw. Träger objektiver Laut- und Tonqualitäten. Beim Elementartheater wird die *Körperbewegung als bildschaffende Gebärdensprache,* als *Träger bedeutungsgeladener Bildgehalte* erfahren und behandelt. Dem Körper wird hier nicht „funktional" begegnet (auch eben gerade nicht unter dem schauspielerischen Gesichtspunkt einer „ausdrucksvollen Darstellung"), sondern er wird kennengelernt als Gefäß und Ausdruck. Elementartheater ist so zunächst einmal ein Weg, diese Seite des Körpers als objektive Wirklichkeit kennenzulernen: Nicht „Wie drücke ich das, was ich will, nun gut aus?", sondern: „Was ist das eigentlich für eine Gebärde, die ich da mache, was drückt *sie* aus, was für ein seelisches Bild erzeugt *sie?*" Beeindruckend war dafür auch eine Übungsanordnung, in der man von einem anderen Teilnehmer entweder eine bestimmte Bewegung oder auch eine

---

3. Hier könnte auch angesetzt werden, um der Frage „Nögge für Patienten" nachzugehen.

Zweckhandlung übernehmen und weiterführen sollte – eben nicht, indem man eine Geschichte weitererzählte, sondern indem man durch das Hineingehen in die Bewegungen des Vorgängers erst überhaupt innerlich verstanden hat, was sie ausdrückt, und sie aus diesem inneren Erfassen weiterentwickeln konnte.

Nögge bot in diesem Sinne gar keinen Schauspielkurs, sondern eine Einführung in eine objektive, meist aber verborgene, übersehene Welt des Bild- und Gebärdencharakters der eigenen Körperbewegungen, der dann hörbar, lesbar wird, wenn die wachen Absichten und gedanklichen Steuerungen zum Schweigen gebracht werden. Wenn man es endlich einmal schafft, hier loszulassen – so die trostreiche Grunderfahrung des Elementartheaters –, fällt man keineswegs ins Bodenlose, versagt man nicht auf der ganzen Linie, macht man sich nicht zum Gespött seiner Umgebung – sondern dann, wenn man wirklich den Mut aufbringt, vorbehaltlos loszulassen, seine Vorstellungen und Ängste aufzugeben, sich selbst hinzugeben, dann kann man die Tragkraft jener aus dem Unbewußten aufsteigenden Bilder erfahren, gewinnt man Anschluß an jenen unerschöpflichen Strom schöpferischer Kräfte, die nicht, wie jedes Fachwissen, „verlängerte Vergangenheit" darstellen, sondern immer Neues, Unerwartetes aus der Situation

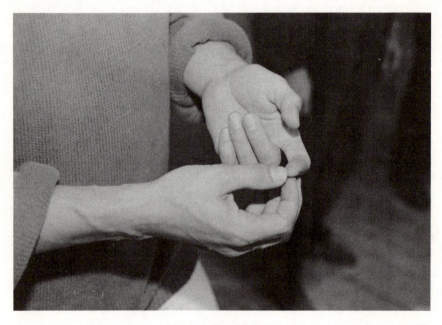

Handspiel des Meisters

hervorbringen. Nögge selbst ist ja dafür berühmt, mit welcher Meisterschaft er auf der Bühne die hohe Kunst der Improvisation beherrscht: etwa aus drei aus dem Publikum zugeworfenen Worten (Luftpumpe, Wintermantel, Klosettpapier) aus dem Stegreif ein Gedicht oder ein Lied zu machen. Ein wenig konnte man in dem Herdecker Kurs verstehen lernen, wie er das schafft: Wie er dafür kein Schema hat, keinen Trick, sondern wie radikal er sich wirklich fallen lassen kann, wie er tatsächlich durch einen Nullpunkt der absoluten Einfallslosigkeit hindurchgeht bis dahin, wo die Sache selbst zu sprechen anfängt und Imaginationen aufsteigen.

Bezogen auf die therapeutische und pflegerische Berufssituation bringen diese Erfahrungen selbstverständlich noch kein neues therapeutisches Handeln. Aber sie eröffnen unmittelbar eine neue, tiefere Schicht der *Begegnung* mit anderen Menschen, auch mit Patienten, indem deren körperliche Erscheinung, deren Gebärdensprache, deren Körperhaltung usw. zu den Strichen eines Bildes werden, das, innerlich erfaßt, in seiner seelischen Qualität verstanden werden kann und anfängt, das Innenleben dieses Gegenübers zu offenbaren. Das kann eine ganz neue *Wahrnehmungsbasis* für die therapeutische Begegnung schaffen, die nicht auf Interpretation angewiesen ist, sondern auf unmittelbares bildhaftes Wahrnehmen dessen, was sich in den Bewegungen des anderen ausspricht. Parallel dazu – und im Kurs durchaus im Vordergrund – steht die Selbsterfahrung des Therapeuten, dem sein eigener Bewegungsmensch und das in ihm enthaltene Kräftereservoir zugänglich wird. Vor allem aber kann er an diesen körperlichen Erfahrungen exemplarisch erfahren, welche inneren Haltungen und Einstellungen, welche Selbstdisziplin und Offenheit, welche *Bereitschaft, sich einzulassen,* er entwickeln muß, will er die schöpferischen Potentiale nutzen und lernen, nicht aus dem Kopf, aus der Theorie, sondern „aus der Situation", „vom Patienten her", „künstlerisch" zu handeln.

3. Bild oder Signal

Einmal ließ Nögge eine Teilnehmerin eine Spielhandlung, die sie sich auswählen konnte, pantomimisch ausführen, und die anderen wurden aufgefordert zu beschreiben, was sie „gesehen" haben. Einer fing damit an, daß er genau die Bewegungsabläufe wiedergegeben hat: wie die Spielerin mit hängenden Armen herankam, drei Schritte machte, sich kurz beugte, die Hände leicht öffnete, die rechte Hand in Hüfthöhe etwas nach links verschoben von sich hielt und dann zu sich her zog usw. Der zweite sagte: „Sie kam mit zwei schweren Koffern zu einer Tür, setzte die Koffer kurz ab, um die Tür zu öffnen ..." Der dritte: „Nach einer langen und beschwerlichen Reise ist sie mit ihren beiden schweren Koffern endlich wieder zu Hause! Vor ihrer Wohnungstür stellt sie die Koffer ab, schließt auf und ist erleichtert und glücklich, die Schlepperei hinter sich zu haben und endlich in ihrer gemütlichen Wohnung zu sein ...“

Es wird deutlich, wie die äußere Beschreibung allmählich zu einer Geschichte verdichtet und wie immer mehr Hintergründe und Sinnbezüge hinzukommen, aber nicht indem sie „dazugedichtet“ werden, sondern indem die Bewegungsabläufe immer vollständiger, „ganzheitlicher“ wahrgenommen werden. Kann man hier sagen, nur die erste, „sachliche“ Beschreibung sei zulässig und richtig, während die anderen Subjektives hinzugefügt hätten? Ist nur das erste Beschreibung, alles andere „Deutung“?

Wir sind hier bei einem Grundsatzproblem des Positivismus bzw. aller empirischen Wissenschaft vom menschlichen Handeln: Zweifellos ist jede beobachtbare Handlung nicht nur Bewegungsvollzug, sondern sie enthält auch „gemeinten Sinn“, ist verbunden mit subjektiver Befindlichkeit, hat eine Vor- und Nachgeschichte usw. Beschränkt man ihre Beschreibung auf den sichtbaren Bewegungsablauf, der meß- und zählbar wäre, ist man zwar auf der sicheren Seite, erhält aber nichts weiter als eine blutleere Abstraktion. Überschreitet man diese Grenze des oberflächlich sichtbaren, meßbaren Ablaufs, kommt man zwar der wirklichen Komplexität menschlichen Handelns wesentlich näher, wird man konkreter, zugleich aber wächst die Gefahr, daß man etwas hineininterpretiert.

Die unmittelbar aus den Elementartheaterübungen abzuleitende Lösung des Dilemmas liegt darin, daß eben sichtbare Handlungen nicht nur menschliche Bewegungsabläufe sind, sondern *Gebärden* mit eigenem seelischen Gehalt. Als solche bilden sie eine *objektive Bildsprache,* die man erlernen kann: *Sichtbare Bewegungsabläufe sind aber nicht nur als Lageveränderungen im Raum zu erfassen, sondern als bildhafte Gebärden.*

Handlungen anderer Menschen sind insofern immer Bilder, in denen sich mit dem unmittelbar sinnlich Wahrnehmbaren ein Nichtsinnliches verbindet, ein Hintergründiges, das sich aber in der Erscheinung der Bewegung niederschlägt und darüber indirekt wahrgenommen werden kann (also nicht spekulativ erschlossen werden muß). Dabei kommt es nicht auf die geschickte Deutung des Vorgangs an, sondern auf die Sensibilität der Wahrnehmungsfähigkeit für das Bildhafte. Das ist ein sehr exakter Vorgang, der allerdings daran gebunden ist, daß eine entsprechende künstlerische Wahrnehmungsfähigkeit ausgebildet und geübt wurde. Sie besteht darin, sehr genau hinzusehen, also alles Wichtige mitzubekommen, und sich unter bewußtem inneren Schweigen aller Deutungen das Wahrgenommene selbst aussprechen zu lassen. Das Wahrnehmen des anderen Menschen und seiner Gebärden wird so objektiv zum künstlerischen Vorgang und der Begriff der „sozialen Kunst“ bekommt eine sehr konkrete Bedeutung. Menschen zu „begegnen“ ist ja nicht nur eine Frage der verbal-bewußten Kommunikation, sondern zunächst einmal des physischen Zusammentreffens in Raum und Zeit. Auch hier wird wieder deutlich, wie stark ausgeblendet diese physische Dimension für unser alltägliches Bewußtsein oft ist: Sich-Begegnen nehmen wir meist erst ernst, wenn wir anfangen, miteinander zu reden. Tatsächlich erzählt aber jeder in seinen Gebärden ständig eine Geschichte ohne Worte, die als Bild wahrgenommen und verstanden werden kann, sofern man nur in den Gebärden lesen kann.

Im Kurs ließen die einschlägigen Übungen zu diesem Thema zumindest ahnen, worauf es hier ankommt und welche Wahrnehmungsfähigkeit eigentlich entwickelt werden müßte, wenn man mit dem Anspruch ernst machen wollte, sich sozial zu verhalten oder in einem „sozialen Beruf" tätig zu sein. Niemand wird nach dem Kurs behaupten können, daß er zu dieser Art sozialer Wahrnehmung nun in der Lage sei, aber immerhin wurde eine zukünftige Übungsrichtung deutlich, verbunden mit dem Gefühl, ein ganzes Wahrnehmungsreich bisher völlig übergangen zu haben, blind gewesen zu sein für eine doch offen zutage liegende Schicht der Wirklichkeit.

Die deutende Gebärde

Das Wahrnehmen des Bildgehalts von Gebärden bewegt sich auf der hochinteressanten Grenzlinie zwischen Sichtbarem und Unsichtbarem, Sinnlichem und Übersinnlichem. Um im Sozialen wahrzunehmen, muß man diese Grenzlinie ständig, aber auch systematisch, kontrolliert überschreiten. Der Schlüssel dazu ist eben die Auffassung der Bewegungen bzw. Gebärden des anderen weder nur als physischer Ablauf noch als Ausdruck zweckrationalen Handelns (so daß ich die Bewegungen verstehe, wenn ich die Zwecke – unabhängig davon – kenne oder aus ihnen erschließen kann), sondern eben als *Bild* für eine hier sinnlich erscheinende nichtsinnliche Seinsschicht.

Die Absonderung

Dazu gehört es nicht nur, die Bewegungen von Menschen überhaupt exakt und bewußt zu erfassen (eine unerhört komplexe und schwierige Aufgabe!), sondern sie eben auch „ins Bild" zu bekommen, also den Zusammenhang der Teilwahrnehmungen herzustellen und zum Sprechen zu bringen. Das gelingt dann besser, wenn man Bewegungen anderer genau nachmacht und in sich selbst dem nachspürt, was damit an seelischem Ausdruck verknüpft ist. Besonders beeindruckend wurde das bei der Übung „Schatten" bzw. „Paarweise immer so gehen wie der andere" erlebt. Das bot nicht nur ein erhellendes Spiegelbild der eigenen physischen Erscheinung, sondern vor allem eben auch einen Weg zum inneren Aufschlüsseln des Bildgehalts von Bewegungen und Gebärden. Ein interessanter Aspekt dabei ist, daß jeder Mensch sich mit Worten verstellen bzw. versuchen kann, den Eindruck, den er auf den anderen macht, irgendwie bewußt zu beeinflussen, indem er bestimmte Seiten hervorhebt, andere zu verbergen sucht. Im Bereich der Bewegungen und Gebärden ist dies kaum möglich, und selbst wo ein sehr guter Schauspieler seine Gebärden vollkommen beherrscht, sieht man eben, daß er schauspielert: „Der Körper lügt nicht" – wir sind nur zu wenig in der Lage, seine Sprache zu verstehen.

Die Übungen des Elementartheaters waren aber nun nicht nur so angelegt, daß man von Bewegungen und Gebärden ausging, um deren Bildgehalt zu erfassen und an ihre seelische Gesetzlichkeit heranzukommen, sondern es gab selbstverständlich auch das Umgekehrte (was man sich ja auch unter „Schauspielen" vorgestellt hatte), nämlich die Aufgabe, bewußte Spielhandlungen bzw. kleine Szenen vorzuführen (Woher komme ich, wohin gehe ich? – Etwas suchen – Eine Alltagsszene – Ein Butterbrot essen usw.). Naiverweise geht man bei solchen Aufgaben davon aus, daß man sich nun diesen Handlungsablauf (Wie binde ich meine Schuhe zu?) möglichst genau vorstellen muß, um dann vollkommen kontrolliert alle Bewegungen und Haltungen so darzustellen, wie man das auch machen würde, wenn man den wirklichen Gegenstand (zum Beispiel den Schnürsenkel) in der Hand hätte. Man versucht also, seinen Körper zu instrumentalisieren.

Dabei macht man bei diesen Übungen aber eine ganze Reihe unangenehmer Erfahrungen. Wenn man zusieht, merkt man immer, daß es nicht echt aussieht, nicht überzeugend, sondern immer gekünstelt, gewollt. Zwar versteht man schnell, was gemeint ist, aber das liegt an irgendeiner charakteristischen, *zeichenhaften* Geste, die so etikettierend wirkt, daß der Spieler genauso gut laut und deutlich hätte sagen können, was er spielen will. Am deprimierendsten war es aber, wenn Nögge selbst mal etwas vormachte oder eine kleine Szene anstelle eines Teilnehmers spielte (was er deshalb auch nur sehr selten gemacht hat): Da sieht alles leicht, richtig, treffend, spielerisch und selbstverständlich aus – wieso gelingt einem das nicht auch?

Versucht man selbst zu spielen, bemerkt man als erstes, daß man vor allem eines im Bewußtsein hat: Da sehen zehn oder zwölf andere jetzt genau zu und sehen alles, was du falsch machst! Dann ertappt man sich beispielsweise dabei, wie man selbst den Zuschauern erst einmal „demonstriert", was man da jetzt vor sich hat, also pantomimisch den Gegenstand beschreibt. Nögge hat das nicht nötig, er handelt einfach mit dem Gegenstand, und keinem kämen Zweifel, was das für ein Gegenstand ist.

Natürlich erlebt man bei diesen Übungen ganz hautnah, wie wenig bewußt man üblicherweise in seinem Bewegungsmenschen ist, wie gering die Aufmerksamkeit auf die kleinen Alltagsabläufe ist und wie unglaublich vieles, was zu unserem Leben gehört, ganz selbstverständlich von jenem unbewußten Willen ausgeführt wird und in unserem Gewohnheitsleib konserviert ist. Und selbstverständlich wird man auf Schritt und Tritt an Kleists dornauszziehenden Jüngling in seinem Aufsatz über das Marionettentheater erinnert, dem dann, als er bewußt jene Bewegung ausführen wollte, alle Anmut und Grazie schwanden. Wie zutreffend diese Geschichte ist, wird einem in den Nögge-Kursen schmerzlich klar, und hier liegt auch etwas Belastendes dieser Kurse: Man ist sowohl bei sich selbst als auch bei anderen ständig mit Jämmerlichem, Mißglücktem, Unbeholfenem, Verspanntem konfrontiert. Auch die tolpatschigen Versuche, etwas zu spielen, bringen „sprechende" Gebärden hervor, die leider ebenfalls sehr viel Bildhaftes über diesen Menschen aussagen. Hier haben wir auch einen großen Unterschied zu anderen künstlerischen Übungen mit Laien im anthroposophischen Umfeld (etwa Plastizieren mit Lehrlingen, Eurythmie mit Industriearbeitern) gefunden: Diese Übungen sind immer so angelegt, daß eigentlich nichts schiefgehen kann, daß immer irgend etwas Schönes entsteht, daß niemand bloßgestellt werden kann usw. Anders beim Elementartheater: Hier ist man lange Zeit sehr gründlich mit Negativem konfrontiert, hier grinst man ständig Doppelgängerhaftes an, hier erlebt man seine Mitmenschen von ihrer unbeholfenen, verkrampften, steifen, aufgesetzten Seite: Die Kluft zwischen Wollen und Können, Prätention und persönlicher Deckung ist peinlich weit, jeder muß ständig viel mehr beanspruchen, als er einlösen kann. Das ist manchmal schwer auszuhalten und sicherlich nicht jedermanns Sache, zumal man ja sehr deutlich weiß, daß man selbst sich ja vor den anderen gar kein bißchen anders produziert und decouvriert.

Dies ist gar nicht als negative Kritik am Kurs gemeint, sondern man muß hinzusetzen, daß es auch etwas Befreiendes hat, wenn nicht alles immer positiv aussieht, sondern wenn sich das Negative zeigen darf: Schließlich ist das die Voraussetzung dafür, sich ihm zu stellen. Diese Frage kann man denn auch recht lange an die soziale Situation im Kurs haben: Wie wird man eigentlich mit so viel Mißglücktem fertig, wie bewältigt man sozial alles das, was man da über die schwierigen, verspannten Seiten seiner Mitmenschen wahrnimmt und eben gar nicht bemänteln kann, weil es so unglaublich offen zutage tritt. Und wirklich, im Kurs wächst eine Antwort, die vielleicht sogar zu den nachhaltigsten Eindrücken dieser „Weiterbildung" gehört: Es gibt den Punkt, an dem einem die Kollegen richtig ans Herz wachsen, die anderen in ihren Schwächen, um ihrer Unbeholfenheit willen zu mögen. Es wird sozial ganz offen und frei und menschlich, wenn die Prätentionen abgefallen sind, wenn man gar nicht mehr versucht, sich gegenseitig etwas vorzumachen, wenn man diesen Grad an Vertrautheit miteinander erreicht hat, der das Wissen um die jeweiligen Schwächen einschließt. Vielleicht, so kann man ja fragen, ist dies überhaupt die Voraussetzung dafür, nicht auf die Fassade des anderen hereinzufallen, sondern ihn selbst jenseits seiner Hilflosigkeit zu finden. Als suchendem, unfertigem, ringendem Menschen bin ich seiner Person viel näher, wird er mir viel lieber, spüre ich ein bißchen von seinem individuellen Schicksal, wie ich selbst mich ja ebenso dem anderen schutzlos preisgebe und mich ihm anvertraue. Hier wird in den Kursen eine neue soziale Qualität möglich (die so nicht bewußt angestrebt worden war), die wesentlich tiefer, personaler verbindet als alles glatte, problemlose Kooperieren: In seiner Schwäche erfahre ich den anderen als Person hinter seinen gut gespielten Rollen, und erst hier lerne ich ihn als Menschen – nicht als guten Vorgesetzten oder tüchtigen Kollegen – lieben. Hierher rührt es, daß die Kursteilnehmer, wie sie erzählten, sich mit „so einem Augenzwinkern ohne Worte" begegneten, wenn sie sich tagsüber zufällig im Krankenhaus über den Weg liefen, und damit hängt wohl auch zusammen, wenn Nichtteilnehmer die „Nöggeianer", wie sie bald hießen, von außen als eine „verschworene Schicksalsgemeinschaft" empfanden.

Aber zurück zur Frage nach dem eigenen Spiel im Kurs. Wie kann man denn über all jene Erfahrungen des Scheiterns hinauskommen? Wie gelingt ein Vorspiel? Zu spielen, wie ich ein Butterbrot esse, heißt, beim Zuschauer das *Bild* vom Butterbrotessen zu wecken, ohne daß ich es ja tatsächlich esse. Der Spieler muß also eine *Eigentätigkeit beim Zuschauer* initiieren, und zwar derart, daß der seine Phantasie aktiviert und bei dem, was er sieht, alles das zum ganzen Bild ergänzt, was eigentlich fehlt. Das ist zugleich ein sehr wichtiger, eigentümlicher sozialer Aspekt der Kunst: Im Unterschied zu Vorträgen schläfert sie nicht ein, sondern sie ist in ihrer Wirkung völlig auf die Eigentätigkeit des nur scheinbar passiven Rezipienten angewiesen, das Wahrgenommene zu ergänzen, ins Bild zu bringen, dem sinnlich Sichtbaren ein Übersinnliches hinzuzufügen, das ihm Sinn verleiht.

Aus den sinnlich sichtbaren Spuren einer Handlung erschließt sich dem Betrachter deren Geschichte. Das verlangt zwar Genauigkeit in der Wahrnehmung dieser Spuren, aber immer auch den verstehenden Schwellenübergang, den erkennenden Schritt zu den dahinter wirksamen Kräften, Situationen, Intentionen, Emotionen. Menschliche Kommunikation ist in diesem Sinne immer bildhaft, weil sie erst dann „menschlich" ist, wenn das Gesagte und Gezeigte transparent wird für ein dahinterliegendes Nichtgesagtes, Nichtgezeigtes.

Im Spiel wird dies derart auf die Spitze getrieben, daß mit den Requisiten, Gegenständen alles weggelassen wird, was Eindeutigkeit schaffen würde und woran die bildschaffende Phantasie abgleiten würde, weil daran das Bewußtsein nur registrierend zur Kenntnis nehmen, aber nichts erschaffen müßte. Deshalb gibt es zwei Gefahren für den Schauspieler-Adepten, die beide mit dem – fehlgehenden – Wunsch zu tun haben, die Darstellung „eindeutig" zu machen: Die eine besteht darin, die Darstellung – etwa des Butterbrotessens – so „echt", so „realistisch" wie möglich zu machen. Man versucht, sich dann so genau wie möglich zu erinnern, wie man mal ein Butterbrot gegessen hat, und das fotografisch nachzumachen, ärgerlich darüber, daß man nicht besser aufgepaßt hat. Dabei hängt die deprimierende Wirkung auf die Zuschauer tatsächlich gar nicht von diesen Gedächtnislücken ab, sondern davon, daß man mit dem ganzen Ansatz auf dem Holzweg ist: Die Darstellung wirkt steif, verkrampft, unnatürlich, man „denkt viel zu viel".

Die andere Gefahr besteht in der Reduktion des Spiels auf ein abstraktes Symbol, ein Zeichen, das, möglichst für alle eindeutig, genauso gut durch ein sprachliches Etikett ersetzt werden könnte. Man spricht dabei eigentlich nicht, sondern man *demonstriert*. Die Handlung selbst zählt dabei überhaupt nicht mehr, sondern sie hat nur noch Bedeutung als Kommunikationsmittel, als sinnlicher Träger eines Begriffs, ähnlich der Lautfolge eines technisch genutzten Wortes. Hier kommt man nicht zum Spiel, sondern man *„sendet Signale"*. Typisch ist zum Beispiel dabei das Erlebnis, daß man irgendwie die innere Spannung der Darstellung verliert, sobald man registriert, daß die Zuschauer „verstanden haben", was man darstellen möchte, denn in diesem Augenblick ist der reine Mitteilungszweck ja erfüllt. Die konkrete Handlung hat dabei als solche keine Bedeutung, sie ist nur Mittel und wird sofort aufgegeben bzw. verlassen, sobald ihr Zweck erreicht ist. Es geht auch beim Spielen subjektiv gar nicht um diese Handlung, sondern um das, was man beim Zuschauer damit erreichen möchte. Entsprechend versteht der Zuschauer zwar in der Regel recht schnell, was gemeint ist, aber er sieht es nicht, sondern er „begreift".

Der Spieler muß hier also irgendwie durch die Gefahren hindurch, zu bewußt oder zu begrifflich-abstrakt zu sein. Er muß nicht nur auf die äußeren Gegenstände verzichten, sondern auch auf seinen Anspruch, alle seine Gliedmaßen bewußt zu kontrollieren, und auf den Ausweg, mehr oder weniger eindeutige Zeichen zu versenden. Überhaupt muß er von der Grundhaltung Abschied nehmen, eine bestimmte Idee darstellen, mitteilen zu wollen, also irgendwie zielgerichtet zu kommunizieren. Statt dessen kommt er nur dann ins Spiel, *wenn er selbst völlig in das Bild, das er darstellt, eintaucht,* wenn er, wie Nögge sagt, selbst wirklich das Butterbrot schmeckt, wenn er genau weiß, ob es mit Käse oder Wurst belegt ist, wenn er die Tomate spürt und die Krümel auf der Lippe. „Es muß für Sie wahr sein!" fordert Nögge immer wieder, man muß selbst das Bild haben und halten: „Dranbleiben, dranbleiben", rief er in solchen Momenten, in denen das gelungen ist und in denen man dann *nicht eine Sache darstellt, sondern aus dem Bild heraus spielt, vom eigenen Bild erfaßt und weitergetragen wird*. „Geben Sie den Zuschauern eine Vorstellung", d.h. wecken Sie nicht nur irgendwelche Begriffe oder analytische Betrachtungen, sondern Bilder, Szenen, Geschichten.

Beeindruckend war, daß das eigene Spiel zum Beispiel nicht verstanden werden konnte, wenn man selbst nicht innerlich aus solchen Bildern heraus spielte. Vor allem aber wurde dieses erlebbar: Wenn man sich selbst aufs Bild einließ, wenn es für einen wahr wurde, dann ging der Körper gewissermaßen von alleine mit, dann *ordnete dieses Bild die Bewegungen und Gebärden!* Hier liegt genau derselbe Schritt des *Loslassens und Einlassens,* wie er oben beschrieben wurde: Es ist gar nicht nötig, sondern sogar schädlich, wenn man versucht, seinen ganzen Körper völlig zu kontrollieren, nur weil das bei Nögge alles zu perfekt und durchgearbeitet aussieht. Sondern es kommt vielmehr darauf an, *sich vollkommen in das konkrete Bild einzuleben und zu erleben, wie dann dieses Bild die Bewegungen lenkt,* und zwar viel charakteristischer und harmonischer, als man das mit dem eigenen Steuerbewußtsein könnte. Wie es etwa bei der Übung „Lachen und Weinen" erlebt werden konnte, daß rein körperliche Vorgänge seelische Reaktionen weckten, so kann hier erlebt werden, wie die intensive seelische Verbindung mit einer Handlung umgekehrt den Körper mitnimmt. Alles hängt davon ab, wie intensiv, vorbehaltlos und vollständig man in dieses Bild einsteigt, so daß es für den Spieler in diesem Moment „wahr" ist.

Dabei kann etwas Entscheidendes erlebt werden, nämlich wie sehr ich das, was ich da jetzt tue – meine Handlung in ihren konkreten Details –, *lieben* muß, um „dranzubleiben": Es gibt in diesem Augenblick nichts Wichtigeres für mich auf der ganzen Welt als diese konkrete Handlung, sie möchte ich in ihrer ganzen Konkretheit auskosten, zu Ende führen, ich möchte in sie hinein- und um sie herumgehen. Nichts Äußeres, keine Sachumgebung, keine Anweisungen, keine vorgeschriebenen Bewegungen usw. leiten oder zwingen mein Spiel. Nichts kommt zustande, außer durch mich. Ich aber kann nur spielen, wenn ich mich in Liebe meiner Handlung zuwende und sie wirklich ernst nehme. Dann lenkt sie mich nach ihren Gesetzen. Dann kann ich mit meinem Körper, mit meinen Gliedmaßen usw. so viel von diesem unsichtbaren Bild sichtbar machen, daß die Zuschauer dieses Bild ihrerseits phantasievoll hervorbringen können.

Bedeutsam erscheint die Erfahrung, daß Handlungen nicht nur über Zwecke und Ziele gesteuert werden können, sondern eben auch über Bilder, und daß sie dann nichts bewirken wollen, sondern etwas darstellen, ausdrücken. Unser alltägliches Handeln ist vermutlich viel mehr von solchen Bildern gelenkt als von Begriffen und Intentionen. Indem wir „im Bild" sind, überschreiten wir den Horizont unserer subjektiven Überlegungen und Vorhaben und übergeben uns einem objektiven Wirkungs- und Sinnzusammenhang. Indem man sich ihm einordnet, sich gewissermaßen „auf ihn fallen" läßt, steht man einerseits wie nackt vor den Zuschauern; es geht dann nicht einmal mehr darum, ihnen zu gefallen o.ä., sondern man verbindet sich mit dem Bild und folgt seinen Notwendigkeiten aus Liebe zu dieser Handlung, die um so besser, um so richtiger wird, je mehr man es schafft, sich wirklich auf sie einzulassen. Die Nögge-Übungen helfen, dieses Sich-Einlassen zu üben, Distanzen zu überwinden und wirkliche Liebe zu dem zu entfalten, was man gewählt hat. Der Unterschied zwischen einer Handlung aus Absichten und einer Handlung aus Liebe zur Tat wird sinnenfällig.

Damit sind wir in unserer Betrachtung nun zugleich übergegangen von dem, was Nögge für die therapeutische Wahrnehmung bringen kann, zu dem, was seine Übungen über das Geheimnis des therapeutischen *Handelns* offenbaren und was sie zur Stärkung der dazu nötigen Fähigkeiten beitragen können.

4. Element und Temperament

Temperamentsübungen waren angesagt in den Kursen, und das wurde natürlich von den Teilnehmern mit besonderer Spannung erwartet, war doch jedem bekannt, was Nögge so alles mit „seinen vier Temperamenten" anstellen kann.[4] Tatsächlich wurde sehr systematisch – ausgehend von den „Grundetüden" über die Qualitäten der vier Elemente – zu den Temperamenten hingeführt. Vor allem über die Nachahmung etwa von Variationen der Grundetüde durch die Elemente wurden – wieder ausgehend von äußeren Bewegungen und Gebärden – das Erdig-Schwere, das Wässrig-Formlose, das Luftig-Verwehende und das Feurig-Sprühende als seelische Qualitäten erlebbar, gerade im Kontrast zueinander und ohne Begriffe oder mitgebrachte Vorstellungen. Was man von all dem schon an Wissen mitgebracht hatte, verstellte eher das unbefangene Erleben, es lohnte sich, das alles bewußt wegzulassen und den von Nögge vorgemachten Gebärden einfach unbefangen innerlich nachzuspüren: Aha, so fühlt sich das an! Oder: Um Gottes Willen, was ist denn das für eine Haltung! Es ging wieder um ein ganz objektives Erforschen verschiedener Gebärden, wobei man auf manches nun schon zurückgreifen konnte, was man im Kurs erfahren hatte. Diese Übungen verliefen meist wortlos, weil man sonst doch wohl wieder schrecklich viel Vorwissen hineingepackt hätte. Daher fehlte manchmal der

---

4. Vgl. Nögge und seine vier Temperamente. Stuttgart 1991

Austausch der individuellen Erfahrungen, aber es war auch so beeindrukkend, wenn man sich einlassen konnte.

Der Übergang zu den Temperamenten wurde vor allem am Gang geübt, wobei Nögge meist recht drastische *Bilder* angab, in die man sich einleben und aus denen man gehen konnte: Zum Phlegmatiker etwa sollte man sich vorstellen, bis zum Hals in Wasser zu stehen und dagegen anwaten zu müssen. Es ging dabei nicht darum, sein eigenes Temperament zu erkennen oder daran zu arbeiten, sondern ganz unabhängig davon sollten Temperamente objektiv kennengelernt und gewechselt werden, genauso wie die Elemente. Dieser Wechsel des Temperaments im Gang gehörte zweifellos zu den Höhepunkten des ganzen Kurses. Beeindruckend war das hohe Maß innerer Beweglichkeit dabei: Man mußte sich zwar jedes Mal vollkommen auf das einzelne Temperamentsbild einlassen, aber es auch genauso schnell wieder loslassen. Schließlich gab es auch Übungen, bei denen man den natürlichen Gang anderer Teilnehmer beobachten und zum Teil aufnehmen mußte.

Vieles ist von den Teilnehmern während und nach den Kursen zu ihren Erlebnissen mit den Temperamentsübungen gesagt worden: Ähnlich wie bei anderen Übungen erforderte das Nachmachen dessen, was Nögge vormachte, eine sehr gründliche Beobachtung und führte immer wieder an die Grenzen der eigenen Wahrnehmungsfähigkeit. Was es alles an den Haltungen, Bewegungen, am Gang eines anderen zu beobachten gibt, und worauf man alles achten muß, wenn man zum Beispiel Hinweise auf sein Temperament erhalten will! Zurückgegriffen wurde bei diesen Übungen auch immer wieder auf die Erfahrung, wie äußere Gesten und Gebärden innere Stimmungen und Haltungen erzeugen, wie also die jeweilige Stimmungslage der Temperamente hervorgerufen wurde über das intensive Nachmachen der entsprechenden Bewegungen. Schließlich war auch wieder zu erfahren, wie umgekehrt ein passabler Gang in einem Temperament nur zustandekommt, wenn der Spieler ein lebendiges inneres Bild von diesem Temperament ergreifen kann.

So waren die Temperamentsübungen tatsächlich insofern Höhepunkt und Zusammenfassung vieler Übungsteile des ganzen Kurses. Sie waren nicht als menschenkundliche Unterrichtsstunde gedacht, sondern sie bemühten sich um ganz unbefangene Selbsterfahrung. Daß so viele anthroposophisch vorgebildete Menschen schon so vieles über Temperamente wußten, war da eher hinderlich, weil man immer Gefahr lief, schon im voraus zu wissen, was man jetzt eigentlich erleben und empfinden sollte oder wie ein Choleriker die Füße aufsetzt. Dann *erlebte* man den gesetzmäßigen Zusammenhang aber meistens gerade *nicht*. Also wieder die gleiche schwere Übung, den „Kopf" leerzuräumen, sich ganz auf die Bilder Nögges zu den Temperamenten und Elementen einzulassen und einfach zu entdekken, was der eigene Körper dabei macht. Wie bei den Improvisationen war hier eine deutliche Schwelle zu erleben, ein Übergang vom „Gewollten" zum wirklich „Erlebten", und nur wenn letzteres erreicht war, war man wirklich in dem Element oder Temperament „drin" (und sah es auch von außen so aus). Die Übungen gelangen nur halbwegs, wenn man *in sich* real solche Anteile des Schweren, Luftigen, Feurigen usw. entdeckte und innerlich in das Wesen dieser Qualitäten hineinkam. Das waren Entdeckungsreisen, die viel Konzentration und Zeit brauchten, innere Ruhe, Fehlen jedes äußeren Zwangs, inneres Herantasten an die jeweiligen Empfindungsqualitäten. Dann entdeckte man die Objektivität dieser Elementarkräfte, erkennbar zum Beispiel daran, daß das Gestöhne aufhörte, wenn irgend etwas wässrig-phlegmatisch wurde, oder an den kleinen Begeisterungsrufen, wenn man luftig-sanguinisch hüpfen durfte. Hinter persönlichen Vorlieben oder auch weltanschaulich gefärbten Bewertungen wurde dann die jeweilige Gesetzmäßigkeit, Berechtigung, Sachlichkeit des einzelnen Temperaments/Elements erkennbar und fühlbar, man konnte damit beginnen, es ganz sachlich zu studieren. Temperament ist eine objektive Qualität, kein persönliches Fehlverhalten.

Natürlich fielen einem zu den einzelnen Temperamenten sofort konkrete Menschen ein, die sich so oder so bewegen, und es gehörte zu den nachhaltigsten Eindrücken dieser Übungen, einmal intensiv sich hineinzuversetzen, wie sich diese Menschen wohl fühlen, wie ihnen selbst zumute sein dürfte, mit welchem Lebensgefühl sie ihre Tage zubringen. Temperament wurde so am anderen eher als eng, bedrückend, belastend, als *Einseitigkeit* erlebbar. Man konnte durchaus anfangen, Menschen zu bedauern, die mit „solch einem Temperament" ihr ganzes Leben lang herumlaufen müssen, und zugleich erwuchs sehr viel Mitgefühl, vor allem aber Verständnis für die anderen Menschen. Elementartheater wurde hier zu einer intensiven Empathieübung und schloß sehr viel Achtung vor der vitalen Kraft auf, die mit diesen Temperamenten verbunden ist und die ständig droht, den Menschen gewissermaßen „von unten" zu überschwemmen. Die Übungen waren hier ein sehr beeindruckender objektiver Erkenntnisweg in das Innere der menschlichen Konstitution, in die meist unbewußten Untergründe des Verhaltens, und zwar eine Forschungsreise, die weniger zu klaren Begriffen kommen wollte als zu einem inneren Verstehen, zu einem Erfühlen, Empfinden, existentiellem Erfassen dieses Phänomens Temperament. Hier wurden Erkenntnisorgane gebildet, mit denen man den anderen in sich zur Erscheinung bringen kann. Ein sozialer Erkenntnisprozeß kam in Gang (und wurde intensiv geübt), der bei der genauen Wahrnehmung (anfangs: von Nögges Vormachen) beginnt, Bilder hinter diesen Wahrnehmungen faßt und erlebt, aus diesen Bildern heraus die Bewegungen und Gebärden übernimmt und dann in sich selbst die seelische Spiegelung dieser Bewegungen und Gebärden ablesen und darin den anderen innerlich verstehen, „nachfühlen" kann.

Man bleibt dann nicht nur registrierender Zuschauer, sondern indem man diesen Weg über die reale Übernahme der Bewegung geht, wird man innerlich Mitleidender, bekommt man die Innenseite der Stimmungen, Haltungen, des Lebensgefühls des anderen zu fassen, man lebt ein bißchen aus ihm. Das ist dann in der Übung, so zu gehen wie ein Partner, ganz praktisch auf konkrete Menschen übertragen worden, bei denen ja die Temperamente bekanntlich nie rein vorkommen, sondern in je spezifisch individueller Mischung, und in deren Gang sich nicht nur Temperament ausdrückt. Immer war das ein konkreter Weg in den anderen hinein, auch wenn das beliebte Etikettierspiel (Ist das nun melancholisch oder doch mehr cholerisch?) nicht immer so eindeutig gelang (und von Nögge auch eher vermieden wurde).

Die Übungen erschlossen hier also einfach einen neuen Zugang zum besseren Verstehen anderer Menschen. Aber selbstverständlich ging einem auch das eine oder andere Licht über einen selbst auf, wenn es auch, wie gesagt, in erster Linie nicht um die eigene Temperamentsbestimmung ging. Hinweise ergaben sich vor allem dort, wo es einem leichter oder schwerer fiel, in ein Element oder Temperament hineinzukommen, wo man es fremder und vertrauter erlebte. Auch hier war es aber eigentlich wieder beeindruckender, dies auf seine sozialen Erfahrungen zu übertragen und allmählich zu begreifen, weshalb man vielleicht sich mit diesem oder jenem Menschen bzw. mit bestimmten Verhaltensweisen von ihm so schwer tut. Man begann, objektivere und tolerantere Gefühle solchen Menschen gegenüber zu entwickeln, die einem bisher eher fremd waren.

Auf der anderen Seite erlebte, erlitt man aber auch die Begrenztheit der eigenen Temperamentslage, die Eingeschnürtheit des eigenen seelischen Repertoirs, die Einseitigkeit des eigenen Verhaltens: Man lebt eben üblicherweise gar nicht die Fülle der menschlichen Möglichkeiten, sondern nur einen kleinen Ausschnitt, und in der Absolutierung dieses Ausschnittes liegt zugleich die Karikatur, das Irritierende an der Verwandlung der an sich doch ganz objektiven Elementekräfte in eine spezifische Temperamentslage eines bestimmten Menschen. Jedes Element/Temperament hat seine Berechtigung, drückt eine bestimmte vitale Kraft aus, die benötigt wird, die die Welt der Gestaltungen konstituiert und gesetzmäßig Entwicklung trägt. Überwiegt aber eines dieser Elemente, entsteht Einseitigkeit und Fremdbestimmtheit, fängt der einzelne Mensch an, schwer an sich zu tragen und mehr oder weniger von seinem Temperament überschwemmt zu werden. Ein cholerisches Auftreten ist dort angemessen, ja unerläßlich, wo es etwa darum gehen mag, eine Sache voranzutreiben und Zögernde mitzureißen, während hier eine melancholische Rede eher alles lähmen wird. Umgekehrt ist aber das cholerische Hackenzusammenschlagen ein bißchen komisch, wenn dazu eine Liebeserklärung geflüstert werden sollte, während ihr ein eher melancholischer Zug vielleicht einen angebrachten Hauch von Romantik verleiht. Die Komik von Nögges „Vier Temperamenten", bei der einem das Lachen ja auch oft im Halse steckenbleibt, beruht ja gerade darauf, daß diese vier aus dem Gefängnis ihres jeweiligen Temperaments nicht herauskönnen und sich daher andauernd irgendwie unangemessen verhalten, penetrant, nicht nur typisch, sondern bald auch tragisch, immer in der Gefahr, die Welt auf ihren Maßstab zu reduzieren und sich damit gegenseitig ins Gehege zu kommen. Solche Erfahrungen aber wecken natürlich auch im Theaterkurs die Frage nach dem Umgang mit dem (eigenen) Temperament und die Sehnsucht nach dem Ausgleich, nach der Erlösung aus der eigenen einseitigen Gebundenheit. Von dieser Erkenntnis möchte man zur Verwandlung weiterschreiten, wobei klar ist, daß das jeder nur bei sich selbst versuchen kann.

In der Tat bietet Nögge dafür viele Ansätze. Zunächst entdeckt man am Erüben der einzelnen Elemente/Temperamente irgendwann einmal, daß man das ja überhaupt nur kann, weil man genau diese Kräfte – auch die schwächsten – alle in sich hat: Jeder hat in selbstverständlich sehr verschiedenen Anteilen – wie verborgen auch immer – alle vier Elementekräfte in sich, sonst könnte er sie nicht darstellen. Hier kommt man also wieder an verborgene Schätze im eigenen Inneren heran, und man beginnt, sich diesen Kräften zuzuwenden und diejenigen, die eher schlafen, aufzuwecken, wenn es auch nicht immer ganz einfach ist, diese verborgenen Teile zuzulassen. Besonders drängend wurde dies im Kurs mit den cholerischen Anteilen, mit der Fähigkeit zu Wut und Aggression erfahren, aber auch mit einigen anderen als „negativ" bewerteten Temperamentskomponenten: Hier gab es Menschen, die es einfach nicht geschafft haben, Wut zu zeigen, und die von sich der Meinung waren, dazu auch grundsätzlich nicht in der Lage zu sein. Nögge hat sie mit Mühe an diese Kraft in sich herangeführt, ihnen geholfen, auch diese Möglichkeit in sich zu entdecken, mit Erschrecken, Betroffenheit, aber auch dem Gefühl der Befreiung als Folge. Hier wird klar, wie in diese Temperamentsgefüge auch kulturelle Wünschbarkeiten und professionelle Attitüden eingreifen und verhindern, daß solche als „negativ" empfundenen vitalen Kräfte sich äußern dürfen. Diese sind dann aber nicht wirklich gebändigt und durchgeistigt, sondern zunächst einmal einfach unterdrückt und verdrängt, wodurch sie sich bekanntlich entweder gegen einen selbst oder in verwandelter, verklausulierter Form heimlich eben doch auch nach außen wenden.

Diese Erfahrungen wurden von einigen Teilnehmern für sich selbst als geradezu „therapeutisch" erlebt, verborgene, abgespaltene Anteile in sich nicht nur zu erkennen, sondern auch anzuerkennen und im geschützten Raum des Kurses bewußt herbeizuholen. Das war die Erfahrung: Ich kann auch anders sein, ich bin gar nicht vollkommen festgelegt auf das Bild, was ich bisher immer von mir herumtrage. Diese Erfahrung war durchaus selbst ambivalent: Man fühlte sich zum einen konfrontiert mit Seiten, die man bisher gerne übersehen hatte, aber man entdeckte auch, daß da auch Seiten zu finden sind, die man bisher eher vermißt, unter deren Fehlen man gelitten hatte. Da dies zugleich alles im Medium des praktischen Übens vor sich ging, waren dies nicht akademische Betrachtungen, sondern man erfuhr zugleich einen Weg, *wie man aktiv an verborgene Teile herankommt* bzw. wie man aus einer scheinbar festgefahrenen Temperamentshaltung *tätig herauskommen* kann. Das heißt: Man übte ganz konkret, Temperament zu verwandeln, zu wechseln, „in den Temperamenten spazierenzugehen".

Das gelang natürlich nicht auf Anhieb, aber eine Perspektive wurde deutlich sichtbar: wie man sich von den Temperamentsprägungen durch solche Übungen schrittweise befreien, die Bindungen etwas lockern und aus den Festgelegtheiten herauskommen kann! Man fühlte, wie man selbst beweglicher wurde, wie sich das eigene seelische Repertoire zu erweitern begann, und man fing an, die eigene Wandlungsmöglichkeit zu erkennen: Ich bin nicht mein Temperament, sondern ich beginne, mit diesen Kräften umzugehen und sie mir allmählich verfügbar zu machen. Das konnte wirklich manchmal wie eine Befreiung erlebt werden, wie hier das eigene Ich in Innenbereiche dringt, die man bisher als sehr verkrustet erlebt, die man als beengend, oft als schmerzlich unzugänglich, dem eigenen Willen direkt unerreichbar gefühlt hatte.

Die Nögge-Übungen wurden hier zu Expeditionen in die eigene Konstitution, in verselbständigte Hüllenbezirke sedimentierter Gewohnheiten. Ähnlich der Psychotherapie geht es darum, dort, wo Unbewußtes herrschte, bewußte Ich-Verfügung zu erreichen. Aber weit über die Psychotherapie hinaus wird dabei auch erfahren, daß es dafür keineswegs ausreicht, daß jene Kräfte nur bewußt werden. Sondern Nögge zeigt einen praktischen Weg, wie man durch körperbezogene innere Übungen an diese unbewußte Kräfteschicht herankommen, sie aufschließen und regieren kann. Man legt sich dadurch kein neues Temperament zu, sondern man wird unabhängiger von der konstitutionellen Prägung durch eine Temperamentslage, indem einem die ganze Breite der Temperamentskräfte zur Verfügung steht und man darin „spazierengehen" kann.

5. Und was hat das nun alles gebracht?

Die Gründe für die Teilnehmer, am Nögge-Kurs mitzumachen, waren eher diffus und in keinem Fall berufsbezogen: Bei den ersten Kursen überwog die Faszination des Künstlers Nögge, der den meisten von der Bühne her bekannt war, und Neugier, was er wohl in dem Kurs machen würde. Vor allem die erste Kursgruppe war dann so begeistert, daß eine Art „Nögge-Fieber" ausbrach und die Frage auftauchte: „Macht Nögge süchtig?" Dies führte zu einer zweiten Welle von Teilnehmern, die nun, durch die ersten „angesteckt", selbst einmal herausfinden wollten, was an diesem Kurs eigentlich dran ist, zum Teil aus einer eher kritischen Distanz und aus Verantwortungsgefühl dem Krankenhaus gegenüber, zum Teil durchaus mit persönlichen Fragen, wie etwa dem Wunsch, ganz bewußt „über den eigenen Schatten zu springen" oder zu lernen, sich vor anderen darzustellen. Für diejenigen, die an den weiterführenden Kursen teilnahmen, traten dann mehr eigene Entwicklungsmotive in den Vordergrund, wie etwa: „Hier wird etwas aus mir herausgelockt, das ich noch nicht richtig kenne", oder: „Ich will den Spiegel vorgehalten bekommen", gerade im Bereich des Selbstausdrucks gefordert werden usw.

Die Teilnahmegründe waren also eher privat, und dementsprechend bewegten sich die Erfahrungen und „Lernerträge" aus den Kursen auch zunächst vor allem auf dieser persönlichen Ebene. Sehr viele berichteten von einem offenbar typischen Erlebensverlauf: Zu Beginn spürt man vor allem seine eigenen Hemmungen, Ängste, Verklemmungen, und man erlebt, daß die Übungen auch körperlich anstrengend sind. Diese Hemmungen verweisen darauf, daß man sich in diesen Übungen in seiner sonst meist nicht bewußten Körperlichkeit zeigen muß, es sind Hemmungen, sich zu demaskieren, sich zu blamieren. So ist man also! „Der Körper lügt nicht", sagte eine Teilnehmerin, d.h. er stellt einen ziemlich schutzlos vor die Augen der anderen, sehr direkt, aufdringlich beinahe, man kann eben gerade nicht „spielen". Wo es um Körperdarstellung geht, fallen auch alle sozialen Schutzwände weg: Berufsrollen, eingelernte Kommunikationsmuster, Hierarchiedistanzen usw., man fühlt sich irgendwie nackt. Die meisten Menschen werden mit diesem Bewußtsein nur noch verspannter, verkrampfter, linkischer, ängstlicher, die sonst verborgenen, nicht akzeptierten Seiten könnten noch deutlicher hervortreten. Folglich wird auch das Spiel erst mal immer noch fürchterlicher, man leidet, schämt sich geradezu.

Und hier liegt dann ein erster wichtiger Lernschritt, ein erstes tiefes Entwicklungserlebnis für sehr viele Teilnehmer: als es ihnen nämlich gelang, aus eigener Kraft aus diesem Zustand der Gehemmtheit und Verklemmung herauszukommen, als sie es geschafft haben, diese Ängste einfach zu überwinden, sich über sie hinwegzusetzen! Manche schildern gerade dies mit bewegten Worten: „Ich habe mich plötzlich öffnen können", „Ich konnte dann zu mir stehen", „Ich habe gelernt, loszulassen, auszuatmen", „Meine Anspannung ging weg, ich konnte aus mir herauskommen" ... Das wurde als tiefgreifende *Befreiung* erlebt: Die Ängste, den Erwartungsdruck, das ständige „Leistungsgefühl", den Druck, gut sein zu wollen, toll aussehen zu müssen, alles richtig machen zu wollen usw., einfach über Bord werfen zu können und statt dessen *zu sich selbst stehen zu können,* so wie ich nun eben bin. Eine Teilnehmerin erlebte dies sehr nachhaltig als Frage nach der eigenen „Echtheit": Mache ich mir und anderen immer etwas über mich vor, oder kann ich mich endlich so sehen und bejahen, wie ich nun eben bin? Kann ich auf alle möglichen Stützen, Fassaden, Korsetts einfach verzichten?

Man muß nun sehen, daß dieser Freiheitsdurchbruch vom inneren Lernweg der Kurse her nichts Peripheres ist, sondern durchaus zum Kern der Sache gehört: Das Faszinierende ist ja, daß in dem Moment, in dem dieser Durchbruch gelingt, auch das Spielen beginnt, auch die Improvisationen anfangen zu fließen und bezeichnenderweise auch die Bewegungen und Gebärden des Spielers harmonischer, ausdrucksvoller, echter wirken, Szenen wirklich anfangen zu gelingen! Indem so im Kurs erst einmal die Basis dafür geschaffen wird, daß er inhaltlich beginnen kann, ist bereits ein sehr wesentlicher Entwicklungsschritt zurückgelegt.

Es wird erkennbar, daß das Spielen nicht davon abhängt, wie schön man aussieht, wie elegant man sich bewegen kann oder wie gut man ist, sondern erst einmal viel elementarer davon, daß man seine eigene körperliche Erscheinung akzeptiert, daß man sich in seinem Körper zu Hause fühlt und ein selbstverständliches Verhältnis zu ihm gewinnt und nicht ständig meint, man müsse das eigene „Bild", das man der Öffentlichkeit körperlich darbietet, verstellen. Erst dann kann überhaupt die darstellerische Arbeit beginnen. Aber darin, diese Grundlage herzustellen, liegt bereits ein erster wichtiger Entwicklungsschritt, der für eine Reihe von Teilnehmern nicht weniger als ein neues Verhältnis zu sich selbst bedeutete, ein neues Selbstbewußtsein, das tiefe Gefühl: „Ich kann zu mir stehen!"

Mit dieser Erfahrung verknüpft wurden Erfahrungen geäußert wie die, daß der Kurs vor allem als „Verlebendigung" erlebt wurde, als „Vitalisierung", als Stärkung des eigenen Mutes, als Lustgewinn usw.

Einige berichteten, daß sich parallel zu diesem Durchbruch für sie auch das Verhältnis zu den anderen Teilnehmern grundlegend gewandelt hat: „Man wird viel liebevoller dem anderen gegenüber", man begegnet sich unverstellter, entwickelt Verständnis für die anderen, wird sensibler für sie. Ein neuer – und beruflich relevanter – Bezug zu anderen Menschen hat sich eingestellt.

Und eine weitere Grunderfahrung: Erst dann, wenn man sich selbst akzeptiert hat, kann man überhaupt anfangen, mit Hilfe der Nögge-Übungen an sich selbst zu arbeiten, bisher weniger akzeptierte Seiten in sich zu bearbeiten, kommt man an verdrängte Anteile in sich überhaupt heran, kann man unbefangen an eigene Grenzen herankommen. Hier kann dann also ein Stück Selbstentwicklung im Kurs beginnen, verbunden mit der Entdeckung der eigenen bisher verborgenen Kräfte.

Es besteht durchaus die Wahrscheinlichkeit, daß dieses von sehr vielen geäußerte Befreiungserlebnis zu sich selbst auch zugleich einer der wirkungsvollsten Beiträge Nögges zur Verbesserung der *beruflichen Situation* vor alllem der KrankenpflegerInnen darstellt. Es wurde während der Beobachtungszeit häufig über die Probleme des „Ausgebranntseins" im Pflegeberuf geredet, und Nögge wollte immer wieder wissen, wie er mit seiner Arbeit etwas dagegen unternehmen kann. Vermutlich gelingt ihm dies bereits mit diesem elementaren Selbstbewußtseinswandel: Die Ängste und Verklemmungen haben ja alle etwas mit Abhängigkeit von fremden Normen, mit Bindung an äußere Erwartungen, mit Ich-Surrogaten zu tun, wie sie auch in Orientierungen wie: übermächtigem Pflichtbewußtsein, einem drückenden „Pfleger-Bild", dem ständigen Wunsch, fremden Erwartungen gerecht zu werden, den hohen Ansprüchen gerade der „anthroposophischen Pflege", den Idealen des Gutseins und Sozialseins wirksam sind, die die eigene Person ständig an fremden Maßstäben zu messen drohen. So gesehen hat der Pflegeberuf heute durchaus etwas Marionettenhaftes, das aber einen erwachsenen Menschen verspannt, starr, unlebendig werden läßt, ihn erschöpft unter der Last dieser vielen Fremdsteuerungen und der nie zufriedenstellenden Bemühungen, ihnen auch zu entsprechen. Das reicht dann bis hin zu psychischer Abwehr und Krankheiten.

Insofern Nögge Ich-Findung übt, wirkt er auf diesem Hintergrund auch unmittelbar harmonisierend, kräftigend, vitalisierend. Der Gedanke macht ja Sinn, daß es gerade zum Schulungsweg eines „sozialen Berufs" gehört, bewußt und aus eigener Kraft ich-stärkende, ich-erweckende Übungen zu machen, sich selbst also gerade im Strom des sozial Vereinnahmt-Werdens zu behaupten, und zwar nicht mit Hilfe irgendwelcher gewerkschaftsförmiger Forderungen, Formalisierungen und Abgrenzungen, sondern gerade über den Weg des Selbstakzeptierens, des Zu-sich-Stehens, des *Echt-Werdens,* des Anerkennens auch der unter den äußeren Maßstäben vielleicht dunkleren Anteile. Eben dies kann im Nögge-Kurs über den Weg des Körpers erlebt werden.

Ein Therapeut schilderte bewegt, wie sich ihm in seinem Beruf ständig die Aufgabe stellt, echt, authentisch zu sein, d.h. auch sich wirklich als der, der er ist, dem Patienten anzubieten, und wie der Nögge-Kurs bei ihm immer wieder die Frage aufwirft, wie echt er denn tatsächlich ist oder wie sehr er sich immer noch etwas vormacht, dem Patienten etwas vormacht und vorspielt, sich an Theorien und ausgedachte Vorstellungen klammert. Solche Anteile werden schonungslos aufgedeckt, die erwähnte Nacktheit ist auch die Ehrlichkeit der Selbsterkenntnis.

In dieser Richtung liegen dann auch die tiefsten Zusammenhänge zwischen „Nögge" und den Krankenhausberufen, hier sind diese Kurse mit Recht berufliche Weiterbildungen: Für einen Therapeuten, aber selbstverständlich auch für die Pflegeberufe, ist es die absolut grundlegende Voraussetzung für seine Arbeit, sich wirklich *unbefangen und absichtslos,* d.h. aber auch: ohne theoretisches Netz und ohne doppelten Boden auf seinen Patienten einzulassen, um seine therapeutischen Intuitionen wirklich und tatsächlich aus den wahrnehmbaren Phänomenen zu bekommen und weder aus seinem Hinterkopf noch aus seinen Vorlieben noch aus seinen Lehrbüchern oder von irgendwelchen Autoritäten. Es ist hier dargestellt worden, wieviel Mut, innere Freiheit, Echtheit, Aufrichtigkeit, auch Demut dies verlangt, wie sehr man sich da aussetzt, wie heimtückisch die Fallen sind, die der „Kopf" einem immer wieder stellt, und wie wenig Vertrauen man selbst doch immer wieder diesen das eigene Erkennen und Handeln dann leitenden Kräften gegenüber aufbringt.

In diesem Zusammenhang können die Nögge-Übungen ganz direkt an zwei Punkten „beruflich qualifizierend" wirken: Sie bieten ein ums andere Mal Gelegenheit, es immer wieder zu üben, wie man sich vertrauensvoll in eine Situation hineinstellt, wie man Vorstellungen losläßt, sich öffnet für jene unbewußten Kräfte, wie man sich immer wieder auf das Phänomen einläßt und nichts sonst. Das lernt man bei Nögge nicht theoretisch, sondern so, daß man vor allem auch die eigenen, ganz persönlichen Fallen kennenlernt, die man sich bei dieser Arbeit immer wieder selbst stellt, und daß man Schritt für Schritt, Element für Element die inneren Bewegungen und Haltungen bemerkt und kennenlernt, die man einnehmen muß, um wirklich „künstlerisch" zu handeln, um würdig zu werden für die belehrende, leitende Kraft der Phantasie.

Der zweite „berufsqualifizierende" Punkt in diesem Zusammenhang betrifft dann die Fähigkeit, aus der Offenheit für die Phänomene zu handlungsleitenden Bildern zu kommen: Entscheidend für das therapeutische Handeln ist eben nicht die Theorie über den anderen oder die „Muster", die der Therapeut über seine Patienten im Kopf hat, sondern hier liegt genau jene innere Handlungssituation vor, die oben bei den Improvisations- und Spielübungen beschrieben wurde: Das therapeutische Vorgehen dürfen nicht gedankliche Vorstellungsabläufe, sondern müssen Bilder vom Patienten leiten. Der Therapeut findet zum anderen Menschen nicht über angelernte Deutungen, sondern über sein *Bild*, das im Therapeuten entsteht und dann sein Handeln „mitnimmt". Diese Fähigkeit, solche Imaginationen vom anderen zu bekommen, die praktische Kraft zu gewinnen, wird im Kurs geübt: Zumindest haben viele erlebt, daß ihnen anhand der Nögge-Übungen dieser grundlegende Zusammenhang überhaupt klar geworden ist, vor allem dieser zentrale Stellenwert des „Bildes":

„Man soll sich keine Urteile bilden, sondern zu Bildern aufsteigen."

„Nur in Imaginationen wird in Zukunft in richtiger Weise das soziale leben aufgestellt werden."

„Du sollst dir ein Bild von deinem Mitmenschen machen. In uns sollen die anderen Menschen wie Bilder leben."

„Wir gehen aneinander vorbei wie Gespenster. Zwischen uns treten nur abstrakte Vorstellungen und Urteile."

„Das Bild eines anderen Menschen hervorbringen, bedeutet, das in ihm substantiell Wirkende hervorbringen." (Steiner, zitiert nach Nögge).

Hier berührt das, was im Kurs erfahren werden konnte, die tiefsten Geheimnisse der therapeutischen Begegnung: Therapie heißt in diesem Sinne, das Bild des Patienten auffassen und ihn zu seinem Bild führen können, sein Bild in ihm auferstehen, ihn von seinem Bild ergreifen lassen. Eine gelungene Therapiestunde, so äußerten einige der Therapeuten, ist wie eine gelungene Nögge-Übung: „Ich merke, ich war beim Patienten; wie bei den Improvisationsübungen vergißt man sich ja quasi auch und steigt in das Bild ein."

Dieses Bild vom anderen entsteht aber nur in der richtigen Weise, wenn es eben nicht willkürlich ausgedacht, assoziiert, aus meinem eigenen Bauch hervorgeholt wird, sondern wenn es aus der völlig unbefangenen, liebevollen, genauen und intensiven Wahrnehmung des anderen entsteht. Hier liegt das zentrale Risiko des therapeutischen Prozesses, daß der Therapeut eben seinen eigenen Mustern und Beschränkungen nicht voll entgeht und nur vermeintlich den Patienten, tatsächlich aber die Spiegelung der eigenen Gefühle usw. wahrnimmt. Hier bieten die Übungen des Elementartheaters ganz unmittelbar und intensiv eine Schulung der sachlichen Wahrnehmung des anderen, und zwar gebunden an und ausgehend von seiner sinnlichen Erscheinung, seiner Gestalt, seinen Bewegungen und Gebärden, die so zum Buch werden können, in dem Seelisches gelesen werden kann.

So gaben denn auch gerade die Therapeuten zu Protokoll, durch den Kurs sei ihr „Verständnis von Menschen" bedeutend gewachsen, sie seien wacher geworden, ihr Blick habe sich geschult, das intuitive Erleben des anderen sei sehr viel stärker geworden, weil man immer wieder geübt hätte, in der Wahrnehmung anderer Menschen absolut nur vom Phänomen auszugehen. Zugleich war Nögge für manche Therapeuten selbst für sie in einer lehrenden Vorbildrolle:

„So, wie bei der Improvisation eine unheimliche Identifikation mit der Situation nötig ist (zum Beispiel mit dem Glas Wasser), so ist in der Therapie nötig, daß die Patienten sich auf die Farbe einlassen. So wie Nögge den Teilnehmern helfen muß, sich auf die Improvisationssituation einzulassen, hat der Therapeut die Aufgabe, den Patienten zu helfen, da reinzukommen, sich auf die Farbe einzulassen" (Maltherapeut). Das gelingt Nögge dadurch, daß er immer das, was die Teilnehmer tun, aufgreift, darauf völlig eingeht, um es aus sich heraus zu verwandeln.

Dabei ist die therapeutische Beziehung, die hier gestärkt wird, nur der besonders intensivierte Fall wirksamer, schicksalhafter menschlicher Begegnung. In diesem sehr grundsätzlichen Sinne kann „Nögge" zu einem gesteigerten Interesse am anderen Menschen führen, indem er aber auch zugleich jeden zu sich selbst führt – und dies alles im Medium der Freude, der Gelockertheit, des Mutes zum Genuß, der prallen Lebensfreude. Dies mag vielleicht die wichtigste Botschaft der Elementartheaterübungen sein: Wirklich schöpferische Menschenbegegnungen sind selten dort möglich, wo

Schwere, wo bedeutungsschwangerer Tiefsinn walten und beklemmender Ernst das Gefühl eigener Nichtigkeit und Unwürdigkeit weckt, sondern dort, wo Vertrauen und Selbstvertrauen, Bejahung und Lebendigkeit, Freude und Unbefangenheit regieren. Ich kann zum anderen nur Zugang gewinnen und ihn begreifen, wenn ich mich über ihn freue, wenn ich aus meinen Festgelegtheiten herauskomme, locker werde und einfach Lust habe. Hier wurde Nögge recht oft im Krankenhaus zu einem Botschafter aus einer anderen Welt, in der nicht jeder herumläuft, als ob er auf seinen Schultern die gewaltig schweren Lasten seiner bedeutenden Aufgaben, seiner wichtigen Gesichtspunkte, seiner verantwortungsvollen Gedanken, seiner wichtigen Erkenntnisse, seiner sozialen Verpflichtungen, seines Mitleidens und Mitfühlens und allen Schmerz der Welt tragen müsse, sondern in der aus Selbstbejahung und Selbstgenuß, ohne den Zwang, jederzeit perfekt sein zu müssen, ein Loslassen, Offenheit, Neues überhaupt möglich werden. Man besiegt das Kranke und Böse ja wohl ganz besonders dadurch, daß man gründlich darüber lachen kann.

Brief Frieder Nögges an Michael Brater

Lieber Michael Brater,

mit Freude und Spannung habe ich Ihren Bericht studiert! Das Päckchen kam an, nachdem ich von Ihnen geträumt hatte. Ich wachte mit dem Impuls auf, Sie anzurufen! Die Post traf ein, der Anruf war erledigt.

Ihr Bericht spiegelt in einer klärenden Weise meine Experimente! Der Spiegel bringt mir vieles zu Bewußtsein und macht die Übungsvorgänge und deren Wirkung zu etwas „Denkbarem". Wie Sie ja schreiben, begann alles als Suche, Forschung und im nicht Faßbaren. Auch Ihr Bericht beginnt so. Erst allmählich wird die Beschreibung und das Erfassen des Beschriebenen zur Gestalt. So lauert am Beginn der Schrift die Gefahr, daß Ihre „Kopfab!"-Deutung in jene Bereiche führt, die der moderne Intellektuelle sich so gerne austräumt: den Glücksbereich des Bauches! – Später formulieren Sie in entschiedener Weise, was mit „Kopf" gemeint ist, eben alle Verstandesbegriffe, alte und feste Vorstellungen, Denkraster und -gewohnheiten, selbstische Begriffsverhärtungen usw. Dennoch mag mancher Ihrem Bericht entnehmen können, daß „Kopf weg!" eine Ausschaltung der Gedankentätigkeit bedeute. Da liegt die Möglichkeit, mich grandios mißzuverstehen! Ich bin sicher, daß Sie mich, bzw. die Übungen, verstanden haben, füge aber etwas Klärendes hinzu, um eben nicht den „Gedankengegnern" Wind in die Segel zu blasen!

Sowohl bei der Improvisation wie bei den Elemente/Temperamenteübungen sind wir in höchster Gedankentätigkeit! Es ist allerdings eine Tätigkeit, die als solche nicht beschreibbar ist, da sie handelt. Um improvisieren, um „in die Haut" eines anderen Charakters schlüpfen zu können, nehme ich zunächst einmal wahr. Wir vergessen hierbei immer, daß wir nicht nur als Augen-, Ohren-, Nasen-, Zungen- und Hautmenschen Wahrnehmende sind, sondern daß die Elementarübungen auch den Bewegungssinn, Lebenssinn, Laut- oder mimischen Sinn usw. wecken. Bringe ich meine, an mein Subjekt gebundene Vorstellungen und Denkgewohnheiten nun zum Schweigen und lasse ich auf die Wahrnehmung selbstloses Denken folgen (dies geschieht unbewußt, da ich denkend nicht denke, daß oder wie ich denke), schaffe ich aus seiner Tätigkeit heraus die Bilder, bzw. es schafft sie.

Ich bin improvisierend in zwei Wirklichkeiten: der sinnlich-wahrnehmbaren und der Zusammenhang bildenden gedankenhaften Wirklichkeit.

Jede Wahrnehmung fordert das Denken heraus. Wenn Sie Wolken anschauen, bildet Ihr Denken Gesichter, Tiergestalten, konkrete Dinge. Selbstloses Denken ist, wenn das geistige Bild, das ich tätig hervorbringe, die innere Wirklichkeit der sichtbaren Wirklichkeit ist.

Alle Übungen des Elementartheaters sind auf diesen beiden Säulen aufgebaut: wahrnehmbare Außenwelt (und zu dieser gehört der *eigene* physische Leib, alles Lebens- und Seelenhafte, und alles Unindividuelle, d.h. Typische, Gattungshafte) und Wirklichkeit der den Zusammenhang schaffenden Gedankentätigkeit.

Diesen beiden ungetrennten Wirklichkeiten steht unser Eigensein, unsere selbstgefesselte Vorstellungswelt, *ausgesondert* gegenüber. Indem wir verstandes- und begriffsgefesselte Wesen sind, sind wir *unwirklich*. Um Auflösung dieser Unwirklichkeit geht es. Der Begriff „Melancholiker" ist *ohne* Wirklichkeit! Die Wahrnehmung der Schwere im Knochenleib, die Wahrnehmung der Gebundenheit der Atmung, des Vitalen und der Seelenbewegung an die Schwere, die selbstlose Beschaulichkeit des Festen und das Folgenlassen der Gedankentätigkeit als wirkliche geistige „Antwort" auf das Sinnlich-Beschauliche schaffen die Wirklichkeit des erdgebundenen Temperaments.

Es geht mir dann ein Bild auf, oder ein Licht, über das Melancholische. Dies aber ist höchste Gedankentätigkeit. Ich möchte es manchmal einen heiligen Vorgang nennen, da die Sinne und unser Denken das „heil", d.h. ganz, lassen, was sie „behandeln". Heilend ist es insofern, als daß ich selbst dadurch in den Weltzusammenhang komme. Als Fragender und Wissender bin ich ausgesondert. Als „Beschaulich-Gedankenbildender" bin ich innerhalb. Ganz, heil, gesund. Jedes subjektive Urteil über Melancholiker ist krank, un-heilig, unwirklich. Indem ich beschauend und gedankentätig im Phänomen bin, bin ich gesund.

Mir ist es auch erst seit jüngster Zeit möglich, dies so zu formulieren. Ich hielt es für wichtig, es Ihnen mitzuteilen. Haben Sie doch in brüderlichster Weise das Elementartheater sinnend-denkend behandelt! Dafür meinen Dank und meine tiefe Verbundenheit!

Ihr Frieder Nögge

Nögge als Regisseur
(Manegentheater Salti Nögge, 1990. Foto: Roland Bauer)

Der Nullpunkt

Elementare Darstellungstherapie und „Philosophie der Freiheit"
Christoph Rehm*

Wir stehen im Kreis, die Gesichter einander zugewandt, eine Gruppe von zwölf Leuten, die ich mehr oder weniger gut kenne. Einige von ihnen habe ich erst im Rahmen dieses Kurses zum ersten Mal richtig wahrgenommen, obwohl ich ihnen im Krankenhaus schon oft begegnet bin.

Die Übung ist folgende: Einer im Kreis (er steht mir gegenüber) bekommt von Frieder Nögge einen Stab in die Hand gedrückt. Er soll damit irgendeine Bewegung oder Bewegungen ausführen, die eine Tätigkeit darstellen. Nögge macht als Beispiel einen Flötisten mit Querflöte vor. Nun soll sein linker Nachbar im Kreis diese Bewegung zunächst nachmachen, übernehmen und dann aus ihr heraus, bruchlos, in eine andere übergehen. Der nächste im Kreis übernimmt dann wieder und so fort.

Es geht los. Der erste benutzt den Stab als Geigenbogen und geigt. Er gibt an den nächsten weiter. Der geigt seinerseits, holt nun langsam immer weiter aus, wobei sich die linke Hand allmählich heruntersenkt und die Bewegung mitmacht, bis plötzlich eine Sensenbewegung sichtbar wird. Ich bemerke, daß ich bereits darüber nachdenke, was ich selbst wohl machen könnte, zum Beispiel aus der Sensenbewegung. Vielleicht einen Fischer, der seine Netze auswirft? Was könnte man mit einem Stab alles machen? (Inzwischen sehe ich den nächsten im Kreis hingebungsvoll den Boden mit einem Besen kehren ...) Golf spielen? Tennis? Federball? Eine Angel auswerfen? Hämmern? Nicht weit rechts von mir wird unterdessen Cello gespielt. Während ich – halb nachdenkend, halb beobachtend – meine Aufmerksamkeit teile, bekomme ich zu wenig mit, wie die Cellospielbewegung ins Haarebürsten übergegangen ist. Das ist bereits die Teilnehmerin neben mir. Es fällt mir gerade noch ein, was ich selbst machen könnte: eine Rückenbürste beim Duschen. Da bekomme ich auch schon den Stab, bürste mir mit möglichst ähnlicher Bewegung die Haare weiter (der Stab ist die Haarbürste) und gehe (nicht ungeschickt, wie mir scheint) langsam über zum Rückenbürsten, zuletzt mit beiden Händen den Stab hinter dem Kopf vertikal mit beiden Händen auf und ab bewegend. Mit Erleichterung gebe ich ab. Mein Nachfolger wird zum Träger eines offensichtlich großen und schweren Sackes, den er – gebeugten Rückens – mit beiden Händen über der Schulter festhält ...

---

* Christoph Rehm, geboren 1946, Naturwissenschaftler (Biochemiker), Leiter des Klinischen Labors im Gemeinschaftskrankenhaus Herdecke. Studentenunterricht auf dem Gebiet der Erkenntnistheorie und Klinischen Chemie seit 1976. Publikationen zu verschiedenen Gebieten wie „Praxis des Jonglierens", zum „Erfahrungsbegriff in der Medizin" sowie auf dem Gebiet der Klinischen Chemie.

Falsch!

Erst im nachhinein wird mir klar, daß ich die Übung völlig verfehlt habe. Ich blicke zu Nögge hinüber, der genau beobachtet, was vorgeht, nichts sagt. *Aus der* vorherigen Bewegung *heraus* in eine neue hineinfinden! Also sich einlassen auf die angebotene Geste, sich hineinvertiefen und da heraus etwas Neues entwickeln. Gerade nicht vorher überlegen, nicht vorher vorstellen oder wissen. Diesen Weg bin ich nicht gegangen. Ich spüre: Es war nicht wahr, was ich versuchte (obwohl es vielleicht ganz überzeugend aussah), und es lebte nicht! Und ich habe natürlich auch die anderen Teilnehmer keineswegs mit Hingabe beobachtet, so wie man im Gespräch gelegentlich seinem Gegenüber nicht richtig zuhört, weil die eigene Antwort oder Meinung schon innerlich vorgedacht wird, während sich der andere noch äußert. Ich spreche die Sache abends an: Einigen ging es genau wie mir ...

Das nächste Mal: Wir wiederholen die Übung, diesmal ohne Stab als Hilfsmittel. Ich konzentriere mich – so stark ich kann – auf die Beobachtung. Freue mich, wie „Schreibmaschineschreiben" zu „Wäscheaufhängen" wird ... Ich versuche, jeden Vorgedanken aus meinem Kopf zu verweisen (ich habe beschlossen, daß es mir egal ist, falls ich nicht weiterkomme, wenn ich an der Reihe bin. Wir stehen schließlich nicht auf der Bühne vor einem Publikum, sondern nur vor uns selbst!) ... Als die Reihe an mich kommt, wird mir ein Baby übergeben, das ich in den Armen wiege. Ich wiege ... ich wiege ... (drauf einlassen!) ... ich wiege ... (es kommt mir schon unheimlich lang vor) ... ich wiege ... Es kommt nichts. Ich verbiete mir aber strikt, mir vom Kopf aus irgend etwas auszudenken ... Es kommt immer noch nichts ... (ist es schon eine Ewigkeit?) ... Ich bin wie an einem Nullpunkt (und jetzt, soll ich einfach aufhören?) ... Ich wiege stärker. Meine rechte Schulter geht mit, zieht sich höher als die linke, der Kopf neigt sich etwas nach rechts der Schulter entgegen ... Wie gleichzeitig taucht in mir auf: Ich sehe mich telefonieren, den Hörer zwischen Wange und Schulter eingeklemmt, die Hände sind damit beschäftigt, ein Notizbuch zu halten und etwas hineinzuschreiben ... Mein Nachfolger kann übernehmen ...

Wir improvisieren mit verschiedensten Aufgabenstellungen, allein, zu zweit, zu dritt, in der ganzen Gruppe.

Nögge stellt eine Sitzbank in die Mitte des Raumes. Das ist der Ausgangspunkt. Drei Spieler: Einer spielt ausschließlich aus der Frage „Was?" und aus Antworten darauf („Das ist ..."), der zweite hat die Frage „Wie?", der dritte die Frage „Warum?". Ich spiele „Was?". Gott sei Dank gibt es gar keine Zeit, sich vorzubereiten: Da stehen wir, die anderen Teilnehmer sitzen am Rand und blicken erwartungsvoll.

Einen Moment stehe ich wieder vor dem Nichts ... Meine Kompagnons schweigen ... Die Bank scheint mir absolut langweilig. Nach was soll ich denn hier „Was?" fragen? Was gibt´s denn hier überhaupt festzustellen? Eine banale Bank aus Holz. Einst braun gestrichen. Der Lack ist jetzt stark abgenutzt. Ich sehe eine Ritze zwischen Sitzfläche und seitlichem Abschlußbrett ... „Da ist eine Ritze!" Mein Wie-Mitspieler faßt Mut und sagt: „Wie ist die Bank so braun?" ... Nögge unterbricht sofort: „Bei der Sache bleiben! Es gibt ein Angebot, die Ritze. Aufgreifen! Dranbleiben!" Mein Wie-Partner verstummt zunächst wieder. Ich entdecke, daß der Fußboden unter der Bank ebenfalls eine Menge Ritzen hat, ebenso meine Schuhe, aber vor allem die Deckenverkleidung (in Wahrheit die Verbretterung einer Schalldämpfungsschicht; wir üben im Musikraum einer Schule). Eine Ritze neben der anderen, überall Ritzen. Inzwischen ist der Wie-Frager in Gang gekommen und meditiert darüber, *wie* der Schuh, die Decke, die Bank so ritzig sind, ja offenbar die Welt! Während nun der Warum-Spieler und Begründer entdeckt hat, daß die Ritzen im Leder meiner Schuhe zweifellos zur Lüftung da sind, was dem Wie-Spieler wieder Beschreibungsstoff zur Luftqualität gibt, die da herausdringt ... Es läuft, die Sache wird inzwischen etwas

Nögge: „Bleiben Sie an der konkreten Sache dran!"

absurd, weil die Deckenverkleidung ebenfalls zum Lüftungsgitter wird, da ja das aus den Schuhen Entwichene irgendwo abziehen muß ... Penetrant entdecke ich weitere Ritzen, dann das Gegenteil von Ritzen, das Ende von Ritzen ... Unsere Zuschauer lachen!

Wir improvisieren viel.

Mir wird immer klarer, daß für mich das Allerwichtigste, Zentralste an der Improvisation eben dieser Nullpunkt ist, in dem ich nicht weiß, was oder ob mir überhaupt etwas einfallen wird; ich kann nichts mitbringen. Und wenn ich dann einen Einfall habe, kann ich eigentlich nicht unterscheiden, ob er aus mir oder aus der Sache kommt: Als ob beides dasselbe wäre. Ich merke, daß sich die Angelegenheit auch nicht trainieren oder durch irgendwelche Kunstgriffe bewältigen läßt: Der Moment des Nichts ist jedesmal wieder notwendig da. Und wenn er fehlt, so habe ich mich irgendwie selbst überlistet, habe mir etwas vorgenommen oder auf Altes zurückgegriffen.

Die „Wie"-Gebärde

Mir wird deutlich: In der Improvisation lebe ich eine Situation, in der Erkennen, Tun und Erleben gleichermaßen, gleichzeitig und untrennbar engagiert sind wie in anderen produktiven, künstlerischen Tätigkeiten. Kein vorgelerntes Tun nach eintrainierten Regeln; keine vorwiegende Erkenntnistätigkeit, die auf Distanz zur Sache bringt; kein vorwiegendes Erleben, wie es zum Beispiel gewöhnlich beim Hören eines Konzertes da ist. Sondern: Ich *handle* (übernehme und vollziehe zum Beispiel die Geste des Mitspielers oder setze seinem Impuls etwas entgegen), wobei die auf die Bewegung oder den Inhalt selbst gerichtete Erkenntnistätigkeit zugleich schöpferisch sein muß, indem sie das Erlebte aus ihm selbst heraus in etwas Neues hinein weiterzuführen sucht. Keinesfalls handelt es sich um eine ungebundene Phantasietätigkeit. Es ist auch kein Assoziieren beliebiger Vorstellungen. Es gilt auch noch im Allerkleinsten: Die jeweilige Angelegenheit, und sei es nur ein Knopf als Thema, muß erlebt, erkannt, getan und produktiv verwandelt werden.

Ich erinnere mich an die „Philosophie der Freiheit" von Rudolf Steiner.[1] Die „moralische Phantasie" bindet den freien Handlungsimpuls („moralische Intuition") an das konkrete Handlungsobjekt, an die konkrete Situation, indem sie aus den Gesetzmäßigkeiten, den Notwendigkeiten, eben dieses Objekts heraus den Inhalts des Tuns, das konkrete Ziel, schöpft und entwirft: weder assoziativ noch überstülpend, sondern aus der Sache heraus. Jede vorgefaßte Idee verhindert dieses Eintauchen. Der Phantasieprozeß darf nicht vorher stattfinden, es gibt kein sicheres Fundament, von dem aus ich vorher weiß, was dem Objekt nottut, erst im Einlassen darauf kann sich etwas entzünden. Im Moment der völligen Konzentration, die Tätigsein, Wahrnehmen und Erkennen *eins* sein läßt, liegt die Schwebe zwischen vorher Gewußtem, Mitgebrachtem (das im Moment vergessen sein muß) und noch nicht Erfaßtem (das erst entwickelt werden muß): eben dieser schöpferische Nullpunkt, in dem ich nicht weiß, was mir gelingt oder nicht. Wäre mein Handeln immer nur eine gesetzmäßige Konsequenz aus dem Vergangenen, Gewordenen, so gäbe es keine Freiheit (und keine Zukunft!).

Es gibt von Rudolf Steiner einen Vortrag mit dem Titel „Praktische Ausbildung des Denkens"[2], in dem eine Reihe von Übungen zusammengefaßt sind. Diether Lauenstein bezeichnete diese Übungen einmal als die „Ausführungsbestimmungen zur ‚Philosophie der Freiheit'".[3]

Nach mehreren intensiven Kursen mit Nögge möchte ich sagen: Diese Übungen können ebenfalls Schritte auf dem Weg zu einer Umsetzung der „Philosophie der Freiheit" in die Lebenswirklichkeit sein.

1. R. Steiner: Die Philosophie der Freiheit. (1894) GA 4, Dornach [15]1987
2. R. Steiner: Praktische Ausbildung des Denkens. Vortrag, 18.01.1909, in GA 108, Dornach [2]1986
3. D. Lauenstein, mündliche Mitteilung 1982

Erfahrungen

Interview mit Teilnehmern der Nögge-Kurse*
von Christine Pflug

Dieses Interview wurde mit Teilnehmern aus dem Nögge-Kurs geführt. Sie alle sind Mitarbeiter des Gemeinschaftskrankenhauses Herdecke und berichten über ihre Motive, Erlebnisse im Kurs und auch darüber, wie sich diese Erfahrungen in der Arbeit und für die eigene Entwicklung ausgewirkt haben.

Christine Pflug: Welche Motive hatten Sie, an einem Nögge-Kurs teilzunehmen, und was haben Sie sich davon erwartet und erhofft?

Merete Birkebæk: Ich war von Anfang an dabei, als es 1991 angefangen hat. Nögge hatte ich einige Monate zuvor bei einer Aufführung im Herdekker Krankenhaus gesehen, und das ist mir sehr nahegegangen. Einerseits habe ich mich während der Vorstellung fast totgelacht, andererseits aber das Wahre, das in seinen Aufführungen lebt, sehr stark empfunden, und ich dachte anschließend: Der Mann ist genial. Als es dann hieß, man könnte hier in Herdecke bei ihm Kurse belegen, habe ich sofort zugesagt. Ich habe mir eigentlich nichts davon versprochen – war allerdings fürchterlich nervös.

Johannes Brunk: Für mich war der Grund, diesen Kurs zu beginnen, der gleiche: Ich war von der Persönlichkeit Nögges fasziniert. Zuvor hatte ich selbst schon versucht, mit Mitarbeitern gemeinsam Theater zu machen und zu improvisieren. Ich hatte mir versprochen, bei Nögge Anregungen und Hilfen zu bekommen, um die eigene Theatergruppe zu führen.

Anke Küpper: Ich hatte schon lange eine Beziehung zum Theater und spiele in meiner Freizeit auch in einer Laiengruppe mit. Ich wollte bei Nögge dann so eine Art „Schnupperlehre" machen, was das Theater anbelangt. Außerdem wollte ich in den Kursen meine eigenen Grenzen kennenlernen. Das war eine gute Gelegenheit dazu.

Randal Jolly: Ich wollte schon, bevor Nögge hierher kam, Theater machen. Ich war mit mir selbst und mit meiner Arbeit an einen Punkt gekommen, wo ich mir steif, unbeweglich und unlebendig vorkam. Von

---

* Merete Birkebæk, 48 Jahre alt, seit 1978 in Herdecke, Musiktherapeutin.

Johannes Brunk, 34 Jahre alt, arbeitet seit elf Jahren in Herdecke als Krankenpfleger. Seit fünf Jahren in der Abteilung für Querschnittsgelähmte.

Randal Jolly, 38 Jahre, arbeitet seit fünf Jahren in der Herdecker Kinder- und Jugendpsychiatrie. Er führt dort eine therapeutische Holzwerkstatt, in der er mit den Kindern und Jugendlichen arbeitet.

Anke Küpper, 26 Jahre alt, arbeitet seit 1.1/2 Jahren auf der Inneren Station, von Beruf Krankenschwester.

daher hatte ich die Idee: Du mußt Schauspiel machen! Genau das fehlte mir. Ich hatte mich überall nach Kursen umgehört, und als ich dann von Nögge erfuhr, dachte ich nur: Wunderbar, das ist genau das, was du suchst. Vor 14 Jahren hatte ich ihn einmal in einer Aufführung mit seinen vier Temperamenten erlebt, und er erschien mir genau als das, was ich jetzt brauchte.

Johannes B.: Daß die Kurse für die Mitarbeiter des Krankenhauses waren, ist ein weiterer positiver Aspekt. Denn normalerweise sind die Mitarbeiter entweder im Kinderhaus, Erwachsenenhaus, bei den Therapeuten, Ärzten, Pflegenden usw. – und in der Herdecker Institution verliert man sich dann aus den Augen. Es besteht wenig Kontakt zueinander. Für mich war das daher auch eine Gelegenheit, die Menschen einmal kennenzulernen. Wir können uns so durch ein gemeinsames Interesse kennenlernen, und das ist in Herdecke relativ selten. Normalerweise sind alle weit verstreut.

„Ich wollte mich besser kennenlernen"

Merete B.: Meine Motivation war nicht so sehr, etwa eine Schauspielerin zu werden, sondern mehr die Selbsterfahrung. Ich hatte zuvor nicht so genau gewußt, was auf mich zukommt. Von den Improvisationsübungen hatte ich gehört, und es war mir auch klar, daß das zur Selbsterfahrung beiträgt. Und das wollte ich gerne kennenlernen.

Anke K.: Die Selbsterfahrung erlebte ich bei diesem Kurs auch als sehr wichtig: Man lernt sich, den eigenen Körper, und wie man damit umgeht, viel besser kennen. Insofern war das für mich auch ein wesentlicher Grund, an den Kursen teilzunehmen.

Randal J.: Das war auch für mich ein wichtiger Aspekt. Ich wollte nicht als Schauspieler irgendwann auf einer Bühne auftreten, sondern fand mich als persönlichen und privaten Menschen in meiner Rolle sehr eingeengt. Daraus wollte ich herauskommen und heraustreten. Auf der Station habe ich zum Beispiel sehr oft erlebt, daß man aus sich selbst heraustreten muß, wenn man in den Kontakt mit einem anderen Menschen kommen möchte. Man darf eigentlich nicht nur bei sich bleiben, sondern muß eine andere Rolle einnehmen, um vielleicht einem völlig fremdartigen Menschen zu begegnen.

C.P.: War also das Weiterkommen in ihren beruflichen Aufgaben auch ein Grund, an einem Kurs teilzunehmen?

Randal J.: Ja, ich fühlte mich in meiner beruflichen Situation auch nicht wohl und hatte mir erhofft, von dem Kurs in dieser Hinsicht Hilfe zu bekommen. Dabei hatte ich mir nicht vorgestellt, daß das nun direkte therapeutische Maßnahmen wären, aber daß ich als Mensch für mich selbst weitere Wege finde.

Die Beobachtungsfähigkeit wurde geschult

C.P.: Gab es außer diesen persönlichen Gründen noch andere, die speziell aus der beruflichen Situation entstanden?

Anke K.: Für mich ist es eine Frage, inwieweit ich in meinem persönlichen Leben erfüllt bin, denn das überträgt sich dann auch auf meine Patienten. Die Nögge-Kurse haben auch meine Beobachtungsgabe geschult: Wenn ich mit den Temperamenten umgehe und schaue, wer sich zum Beispiel wie bewegt – ohne das gleich in Schubladen zu stecken –, welche Gestik was ausdrückt, welche Bewegung welche Emotionen als Grundlage haben, das ist dann eine ungeheure Schulung der Wahrnehmung. Und die braucht man gerade im Krankenhaus.

Ein weiterer Grund war für mich auch das Gruppenerleben. Mir war klar, daß man sich zum einen aneinander reiben, zum anderen aber auch Vertrauen schaffen wird. Durch die Übungen offenbart man sich ja selbst auch ein Stück, man zeigt sich sozusagen nackt und ausgezogen, und darin entsteht auch ein Miteinander in der Gruppe. Dadurch kommt man im Umgang miteinander, im Sich-öffnen-Können vor anderen Menschen ein ganzes Stück weiter.

C.P.: Aus welchen Übungen oder welchen Erfahrungen haben Sie am meisten für sich selbst mitgenommen?

Merete B.: Die Anfangsmotivation, also die Gründe, warum man mitgemacht hat, und das, was hinterher herauskam nach dem Kurs, sind sehr unterschiedlich. Es haben sich durch die Teilnahme an dem Kurs völlig neue Dimensionen und Welten eröffnet. Ich hatte ja zuvor nicht gewußt, was auf mich zukommt, und mir von daher auch nicht so viel vorgestellt.

In der Musiktherapie muß man die Phänomene exakt beschreiben. Das ist für die Diagnostik und Therapie außerordentlich wichtig. Und in dem Schauspielkurs habe ich das genaue Wahrnehmen und Beschreiben von Phänomenen auf einer anderen Ebene gefunden. Durch Nögges Übungen kann ich jetzt viel besser wahrnehmen, beobachten und beschreiben, und das hilft mir bei der Musiktherapie wesentlich weiter.

„Ich kann mich auch mal neben mich stellen"

C.P.: Und welche Übungen von Nögge waren es, die diese Wahrnehmungsfähigkeit geweckt und gefördert haben?

Merete B.: Für mich waren das zunächst die Etüden, d.h. die vier Grundgesten in ihrer Führung durch die Temperamente. Durch ständige Wiederholungen sind wir mit unserem Körper an die Qualität dieser Gesten herangekommen. Man kommt wie bei den Übungen zum Lachen und Weinen an Urphänomene heran. Bei der Übung zum Weinen habe ich zum

Beispiel erlebt, was Trauer ist. Das ist dann aber keine individuelle Trauer, sondern es ist ein ganz grundlegendes allgemeines Gefühl, das über allem Persönlichen steht. Diese Übungen haben auch etwas mit mir gemacht: Ich wühle nicht mehr nur in meinen Eigenheiten herum, sondern kann mich auch mal neben mich stellen und über mich lachen.

Randal J.: Kannst Du einmal ein Beispiel aus Deiner Arbeit erzählen, bei dem Du das Erlernte angewandt hast?

Merete B.: Ja, das kann ich vor allem in bezug auf die Improvisations-übungen. Es geht dabei ja immer grundsätzlich darum, einen Impuls aufzu-greifen und weiterzuführen. Und das ist genau die Grundlage meiner Arbeit. Ich muß auch ständig beobachten, wie der Patient spielt, welche Elemente und Bewegungen dabei auftreten. Seit der Teilnahme an Nögges Kurs kann ich viel besser beobachten, ob die Musik meiner Patienten mehr luftig, mehr erdig ist, ob das Wasserelement fehlt usw.

C.P.: Können Sie also das, was Sie bei Nögge erlernen, ganz unmittelbar auf Ihre Arbeit übertragen?

Merete B.: Übertragen kann man es nicht nennen – ich kann einfach besser beobachten.

Johannes B.: Bei mir tauchen die Erlebnisse des Nögge-Kurses an ver-schiedenen Punkten auf: im Kollegenkreis, bei meinen Patienten und auch

Gesten des Hindeutens

im Therapeutenteam. Für mich ist dadurch viel in Frage gestellt und ins Rollen gebracht worden.

C.P.: Was zum Beispiel?

Johannes B.: Mir ist zum Beispiel aufgefallen, daß bei organisatorischen Belangen immer im Vordergrund steht: Der Laden muß laufen, und das Individuelle des einzelnen verschwindet. Unter dem Leistungsdruck wird vieles verpackt, verdrängt und weggeschoben. – Das ist mir vor allem in letzter Zeit besonders aufgefallen. Durch die Improvisationsübungen des Nögge-Kurses habe ich gelernt, das, was die anderen in Teamsitzungen sagen, aufzugreifen bzw. überhaupt erst einmal richtig wahrzunehmen. Ich bemühe mich dann, einen Anschluß daran zu finden und etwas eigenes daraus zu machen.

Das wirklich Eigene eines Menschen wird von einer Krankheit oft zugedeckt

C.P.: Können Sie das konkreter verdeutlichen?

Johannes B.: Wenn wir zum Beispiel eine Teambesprechung haben, besprechen wir einzelne Patienten. Jeder Mitarbeiter hat zu dem Patienten eine eigene Einstellung. Der Pfleger steht zum Beispiel sehr viel näher am Patienten als der Arzt. Der Pfleger ist mehr mit den täglichen Nöten und seelischen Sorgen der Patienten belastet. Das spiegelt sich in den Gesprächen der Teamsitzungen wider. Ich bemühe mich, das aufzugreifen, was von den Mitarbeitern gesagt wird. Normalerweise wird in Teamsitzungen bei einer Bildgestaltung vieles in den Raum gestellt, aber jeder ist geneigt, nur sein Eigenes zu betrachten. Es ist mir aber wichtig, daß eine Verbindung zwischen allen Aussagen geschaffen wird. Durch die Beschäftigung mit den Temperamenten gelingt es mir besser, eine sachlichere Beschreibung abzugeben, anstatt mich über diese oder jene Eigenschaft eines Patienten aufzuregen. Ich kann jetzt auch viel mehr die positiven Seiten eines bestimmten Temperaments sehen. Nögge hat eine sehr feine Art, uns die Temperamente näherzubringen. Man muß zunächst einmal das Temperament eines Menschen wahrnehmen, wenn man die dahinter stehende Persönlichkeit wirklich voll erfassen will.

Merete B.: Das wirklich Eigene eines Menschen ist im Falle einer Krankheit von dieser oftmals zugedeckt. Man braucht dann auch Beobachtungsfähigkeit, um festzustellen, was das Eigentliche des Menschen ist und was die Krankheit. Das ist für mich eine Erweiterung der Beobachtung gewesen.

Randal J.: Bei mir war es nicht so sehr eine spezielle Übung, die mich weitergebracht hat, sondern der Kurs im allgemeinen. Für die Arbeit hat sich der Kurs bei mir folgendermaßen ausgewirkt: In den Teambesprechungen reden wir oft *über* einen Patienten. Es war und ist mir ein Bedürfnis, den Patienten mehr von innen heraus zu sehen, als ihn von außen zu betrachten. Ich wollte mich einfach in seine Lage versetzen, um wirklich zu verstehen, was das für ein Mensch ist. So hatte ich einmal die Idee, selber einen jugendlichen Patienten zu spielen. Ich setzte mich als dieser Patient in die Mitte, und die anderen sollten mich befragen: Wer bist du? Was willst du? Warum machst du immer so viel Blödsinn? Der Junge war nämlich sozial sehr schwierig. Über die Körperhaltung und die Gebärden bin ich in seine Haut hineingeschlüpft. Es gelang mir so echt, daß die anderen Mitarbeiter halb spaßhaft bemerkten, ich solle mich doch jetzt wieder auf einen anderen Stuhl setzen, um wieder Randal zu werden.

Ein anderes Mal haben mehrere Teammitglieder, die auch die Nögge-Kurse besuchten, bei einer Kinderbesprechung die Familiensituation eines jugendlichen Patienten zu spielen versucht. So ähnlich wie ein Spontantheater. Das Ergebnis war sehr aufschlußreich. Es zeigte, daß wir intuitiv viel mehr „gewußt" hatten, als wir vorher ahnten.

C.P.: Und wie entstand diese Fähigkeit speziell durch die Nögge-Kurse?

Randal J.: Das liegt vor allem daran, daß wir dort gelernt haben, in die Haut eines anderen Menschen zu schlüpfen. Es werden da einfach auf vielfache Art phantasievolle Prozesse angeregt.

Die guten Seiten eines Wutausbruchs

Anke K.: Mir hat das ganze auch geholfen, in jedem Bereich mehr Akzeptanz zu gewinnen. Man schafft sich ja oft ein bestimmtes Bild von jemandem oder auch von sich selbst – wie man zu sein hat, damit man gesellschaftlich anerkannt ist. In solchen Erwartungshaltungen sieht man dann einen Wutausbruch als etwas Schlechtes an, man will Kritik gedämpft und objektiv hervorbringen, alles muß einen gewissen Stil haben. Von daher fand ich es immer sehr spannend, daß Nögge gesagt hat, man solle seine Aggressionen rauslassen, zulassen, und sie hätten eben auch ihre positiven Seiten. Ich hatte zuvor gedacht, Aggression und ein cholerisches Temperament sei etwas Negatives, es wirke nur zerstörerisch. Es war dann spannend zu erleben, daß dieses feurige Element sehr wohl seine Berechtigung hat und einfach dazugehört. Von daher kann ich die Menschen in meinem beruflichen Umfeld viel besser akzeptieren. Wenn jemand rumtobt oder einen Wutausbruch bekommt, kann ich sehen, daß das seine guten Seiten hat und auch etwas in Gang bringen kann. Auch bei mir selbst kann ich es viel besser annehmen, wenn ich jetzt einmal wütend oder aggressiv bin, und meine nicht mehr, ich müßte nur ruhig und gelassen sein.

Johannes B.: Es ist auch wichtig, daß man keine Harmonisierungsglokke über alles stülpt, sondern sich aneinander reibt, stößt und auch versucht, die Ansätze, die dann entstehen, aufzugreifen.

Anke K.: Das war auch ein Erlebnis für mich im Kurs: Man konnte Impulse extrem ausleben, sie standen dann im Raum und wurden auch von den anderen getragen. Es durfte einfach so sein. Es war immer sehr spannend, was dann alles entstehen kann und auch, wie man das dann erträgt. Nögge sagte einmal am Anfang des Kurses: „Wenn man fünf Erwachsene zwei Stunden lang improvisieren läßt, sind zum Schluß alle tot." Die Menschen tragen so viele unterdrückte Aggressionen in sich, daß diese dann bei der Improvisation herauskommen. Ich dachte zunächst, daß wir doch alle ganz schrecklich und fürchterlich seien und daß es ganz furchtbar sei, was wir da in uns tragen. Irgendwann wurde mir dann aber klar, daß das einfach eine Realität ist, daß wir unsere Aggressionen zurückdrängen und sie sich anstauen. Auf der anderen Seite gehört Zerstörung ja auch zum Leben notwendigerweise dazu, und es ist einfach ein berechtigtes Element. Nögge meint, daß wir Krankenschwestern sowieso immer viel zu lieb seien.

Johannes B.: Manchmal kann man den Eindruck haben, daß es in Herdecke keine Choleriker gibt.

Merete B.: Man erlebt oft, daß Cholerik keinen Platz bekommt, aber wenn sie dann einmal ausgelebt werden darf, erlebe ich das auch als sehr wohltuend. Ich hatte immer ein Bild von mir, welches Temperament ich denn sei. Durch die Übungen habe ich aber ganz neue Seiten an mir festgestellt und auch überhaupt erst einmal zugelassen.

Oft an einem Todespunkt

Johannes B.: Nach dem Kurs kann man sein Temperament bis zu einem bestimmten Punkt auch zulassen. Auch in der Begegnung mit anderen kann ich mehr zulassen und überrolle den anderen nicht mehr mit meiner Meinung. Ich kann darauf eingehen und improvisierend aufgreifen, was der andere meint und sagt.

Bei den Improvisationen bin ich oft wie an einen Todespunkt gekommen: Ich wußte einfach nicht mehr weiter, es fiel mir nichts mehr ein. Ich fand mich völlig unfähig und verklemmt. Ich fühlte mich dann ganz klein und häßlich. Es galt aber, über diese Hürde einfach hinüberzukommen und weiterzumachen. Ich hatte dabei das Vertrauen in Nögge, daß er mich, trotz all seiner Provokationen, auch führen könne. Das hat mir an Nögge gut gefallen. Er kann einen gut führen, provozieren und die Situation aber auch wieder auflösen. Ich war selbst erstaunt über mich, wie ich mich öffnen konnte – das ist normalerweise gar nicht meine Art. In einem rein psychologischen Gespräch würde ich da viel mehr abblocken und viel mehr mit dem Kopf überlegen. Bei Nögge war ich dagegen überrascht, was aus mir alles herauskommen kann. Bei dem Kurs erlebt man einerseits sehr viel

Schönes, andererseits muß man aber auch einiges einbringen und überwinden.

C.P.: Und was hat der Kurs für Sie im rein Persönlichen und Privaten bewirkt?

Randal J.: Ich möchte das Berufliche und Private nicht voneinander trennen, weil das eine in das andere hinüberfließt. In der Arbeit habe ich gemerkt, daß ich in meiner Rolle als Randal nicht so befangen sein mußte. Ich konnte mit den Jugendlichen spaßiger und lustiger umgehen. Zum Beispiel konnte ich den einen oder anderen in seiner übermäßigen Trauer einfach spiegeln. Ich war eher bereit, das Leben so zu nehmen, wie es kam, und ihm dann auch entsprechend zu begegnen. Ich war dann nicht mehr so distanziert, sondern konnte im Gespräch dem begegnen, was auf mich zukam. Im Grunde genommen ist in einem solchen Bereich wie Kinder- und Jugendpsychiatrie immer Spontantheater notwendig. Da gibt es keine gängigen Regeln und Vorschriften, wie man sich zu verhalten hat. Die Jugendlichen springen da herum, mit allen möglichen verrückten Ideen, und man muß da einfach mitspringen (innerlich und manchmal äußerlich), wenn man im richtigen Sinne den Jugendlichen begleiten und führen will. Das fiel mir nach den Kursen dann leichter, und so bekam ich mehr Freude und Spaß an der Arbeit, weil ich einfach mitspringen konnte. Meine persönliche Tendenz war nämlich mehr zum Distanzierten und Verkrampften.

Dasselbe gilt auch zu Hause in der eigenen Familie. Ich stecke mir zum Beispiel beim Abendessen spontan zwei Radieschen mit langen Wurzeln in die Nasenlöcher oder so etwas, womit ich die Stimmung für meine Kinder aufheitere.

Wann bin ich wirklich ehrlich?

Anke K.: Humor ist etwas ganz Wichtiges. In den Kursen wird immer genau herauskristallisiert, was die Situation jetzt besonders steif, peinlich und irgendwie auch komisch macht. Man wirkt dann so klein und häßlich, weil man darin befangen ist und irgendwie nicht heraus kann. Wenn man dann in sich hineingeht und sich anderen gegenüber verbaut, kommt man erst recht nicht mit der Situation zurecht. Wenn man dann aber über sich lachen kann, wird die Situation völlig anders und aufgelöst.

Das Thema „Ehrlichkeit" ist auch sehr wichtig: Wann zeige ich eigentlich wirklich das, was ich bin? Wo bin ich mit mir selbst und bei anderen wirklich ehrlich? Wann bin ich echt, und wann decke ich etwas zu? Das Thema ist mir besonders bei den Temperamenten deutlich geworden. Durch die Übungen dachte ich zunächst, mein Temperament gefunden zu haben. Bald darauf wurde mir aber klar, daß ich es eigentlich doch nicht wußte. Mir waren immer wieder neue Sachen klargeworden. Zum Schluß ging ich aus dem Kurs heraus und hatte das Gefühl, eigentlich gar nichts zu wissen. Ich habe dann die anderen gefragt: „Was denkst du denn, welches Temperament ich bin?" Es kamen dann alle möglichen Kommentare, die ganz verschieden ausfielen. Ich habe aus dem Kurs kein fertiges Wissen mitgenommen, sondern es waren immer Anstöße und Impulse. Die Kurse waren so anregend, daß ich ganz viele Fragen bekam und Interesse geweckt wurde. Auch ein Wissen, von dem ich geglaubt habe, daß ich das vorher schon gepachtet hätte, wurde wieder aufgelöst und in Frage gestellt.

Johannes B.: Ich möchte noch etwas zum didaktischen Aufbau der Kurse sagen: Mit den Anfangsübungen wird man aufgelockert, durch die Etüden kommt man in eine gewisse Konzentration, und das alles zusammen schafft eine Lockerheit und Bereitschaft für die Improvisationsübungen. Der Aufbau der Übungen macht für die Improvisation innerlich frei.

Anke K.: Es macht nicht nur frei, sondern man lernt auch die Menschen im Raum kennen. Man macht ja die Übungen in der Gruppe und muß sich dabei auch anschauen, denn sonst fällt ja das gemeinsame Tun auseinander. Dadurch nimmt man erst einmal wahr, wer der andere eigentlich ist. Dadurch wird die Grundlage für das Vertrauen geschaffen, auf der man dann in das Improvisieren kommen kann.

Elementartheater und therapeutische Darstellungskunst
Versuche einer Annäherung oder Improvisation in drei Anläufen
Manfred Grüttgen*

„Denn, um es endlich einmal herauszusagen, der Mensch spielt nur, wo er in voller Bedeutung des Wortes Mensch ist, und er ist nur da ganz Mensch, wo er spielt." (Friedrich Schiller)

1. Versuch: Die Aktion

Das Elementartheater als ursprüngliche Form findet man im darstellenden Theater als Urkunst der frühen Menschheit. Heute geht es nicht mehr um Spiel für Zuschauer, sondern um einen spielerischen schöpferischen Weg der Selbsterkenntnis und Lebensbejahung, um den „schöpferischen Prozeß des eigenen Erlebens der Spieler" (K.S. Stanislawski).

Der Weg des Spielers geht über die Identifikation mit und die Konzentration auf sich selbst in diesem Augenblick, im Hier und Jetzt. Daraus gestaltet und erlebt der Spieler sich und seinen eigenen Anteil an den Elementen, am Lebensprozeß, und nach eigenen Vorstellungen Bilder und Spielideen aus Natur und Alltag. Das Elementartheater verlangt kein Vorwissen und keine Fertigkeiten. Es gibt kein Auswendiglernen, kein Proben und keine Spieltechnik. Beim Spiel steht das eigene Empfinden und der momentane persönliche Ausdruck der Spieler im Vordergrund. Im Verlauf experimentieren die Spieler mit anderen/neuen Darstellungs- und seelische Ausdrucksmöglichkeiten. Voraussetzung dafür ist eine bejahende und angstfreie Atmosphäre in der Spielgruppe. Deshalb werden im Elementartheater Bewegung, Mimik, Gebärden, Laute und Sprachausdruck nicht hinterfragt oder gar beurteilt. Nur so kann im einfühlsamen Miteinander und in sozialer Mitverantwortung ein ganzheitliches Zusammenwirken von Verstand, Gefühl und Körper entstehen.

Das Elementartheater basiert auf dem Menschenbild der Anthroposophie, welche den Menschen als für sich selbst verantwortliches, ganzheitliches Wesen, als schöpferischen Teil eines schöpferischen Kosmos begreift. Und Elementartheaterarbeit ist der Weg vom Geschöpf zum Schöpfer.

---

* Manfred Grüttgen, geboren 1950, Wohnort Herdecke. Autor, Theaterautor und Lebensberater. Publikationen: „Die Gegenwart eures Todes könnte die Zukunft des Lebens retten", Stuttgart 1990 (Hrsg. mit C. Tautz). Erzählungen in *Die Drei, Delta, Die Christengemeinschaft;* weitere Veröffentlichungen in verschiedenen Zeitschriften.

Der Fähigkeit des Menschen, sich mit verschiedenen „Rollen" auseinanderzusetzen (mit eigenen und artfremden) und auch identifizieren zu können, liegt ein menschliches Grundbedürfnis zugrunde: der Spieltrieb. Das scheinbar zweckfreie Spiel erlaubt dem Spieler, die eigene Erlebniswelt und deren Bedeutung vollständiger wahrzunehmen und auszudrücken. Diese Ausbildung der Empathie im Spiel kann Voraussetzung für innovatives Handeln und angemessen soziales Verhalten sein.

In vorbereitenden Übungen und Einstiegsspielen zum Elementartheater werden die Sinne und die Erlebnisfähigkeit angeregt. Dieses Be-Sinnen auf sich selbst und auf das Gegenwärtige ermöglicht den Spielern, ihr Spiel, ihre Rolle von innen heraus zu gestalten.

Übungen und Hilfsmittel sind im Elementartheater niemals Selbstzweck, sondern Impulse für den sensiblen Weg der Spieler zu sich selbst.

„Spielen reinigt die Seele." (Sprichwort)

2. Versuch: Das Spiel

Im Elementartheater wird das Stadium des reinen Geschehens erlebt. Es geschieht, weil ich es hervorbringe. Der ganze Mensch ist betroffen, leiblich durch die Gebärde, seelisch durch den Ausdruck, den ich dieser verleihe, und geistig, weil *ich* es bin, der diese Ausführung will.

Elementartheater kann man dann als Spiel verstehen, wenn man es nicht mißversteht als *nur* ein Spiel, *nur* Phantasie, fern der Realität, außerhalb des „wirklichen" Lebens. Das Umgekehrte ist der Fall: Das Spiel kann das sogenannte „wirkliche" Leben des Alltags an Intensität übertreffen und kann mehr sein als die äußere Realität. Das Spiel zeichnet sich dadurch aus, daß es nur zu bestimmten Zeiten stattfindet, daß es einen besonderen Platz im „gewöhnlichen" Leben einnimmt und von bestimmter Dauer ist. Im Spiel werden Welten geschaffen: Innere Welten werden dargestellt, aufgebaut und als wirklich erlebt. So wird mit Ernst seelisches Erleben in Raum und Zeit gestaltet. Im Spiel wird Welt neu geschaffen – oder wieder zurechtgerückt, im Großen wie im Kleinen, im Gemeinschaftlichen wie im Leben des einzelnen.

Das Spiel ist symbolische Handlung und dient einem größeren Zusammenhang. Man könnte sagen, es entsteht hier durch den rituellen Vollzug jedesmal ein neuer Kosmos. Denn jede Übung, jeder Versuch, jedes Spiel ist eine Art Neuschöpfung, wenn der Spieler aus dem Chaos oder dem Vielerlei, das in ihm und um ihn vorgeht, *seine* Welt erstehen läßt und zu *seiner* Zeit findet. Sein „innerer" Ort kann Summe oder Essenz vieler Orte sein; seine „innere" Zeit. kann Ursprungssituation, Gegenwart und

Zukunft im Jetzt enthalten. Es muß der Übergang von der Außenwelt zur Innenwelt vollzogen werden; von einer Einstellung in eine andere, von einem Zustand in einen anderen, in dem bildhaftes, schöpferisches Gestalten möglich wird.

Das Spiel als ernsthaft vollbrachte Handlung wirkt tiefer, als verbale Verständigung oder nonverbales Ausagieren es könnten. Es umfaßt den ganzen Menschen, sowohl den Handelnden wie den Schauenden. Spiel ist eine sinnliche Vergegenwärtigung einer seelischen Erfahrung: Etwas Ungreifbares wird sinnlich faßbar und anschaubar. Das Spiel ist das Mittel, das jeden Teilnehmer sowohl zu seinem eigenen Weg drängt als auch zum Mitgehen auf einem Stück Weg des anderen.

Auch wenn es dem einzelnen nicht konkret bewußt wird, spürt er eine besondere Wirkung. Scheinbar profane Handlungen oder Szenen bekommen Gewicht und eine Bedeutung, die sie sonst in der Vorstellung (oder in der Erinnerung) nicht hatten. Es treffen sich im Spiel alle Zeiten und alle seelischen Ebenen. Wenn dies aber von einem Menschen wirklich erfahren wird, dann kann das nicht ohne Wirkung bleiben: Eine gewandelte Einstellung dem inneren und äußeren Leben gegenüber muß die Folge sein. Es ist, als könnte das Spielen von therapeutischer Wirkung sein: schützend, ungebändigte Kräfte kanalisierend oder dürre Leere befruchtend, zu Ungeformtes formend, Überformtes lösend.

Das Spiel gehört nicht dem gewöhnlichen Leben an. Im Spiel gelten andere Regeln als im alltäglichen Leben, und jeder Spieler ist sich bewußt, außerhalb des Bereichs materieller Interessen und Verpflichtungen, „nur zum Vergnügen" oder einem inneren Bedürfnis folgend, zu spielen. Das aber ist nur zu gewissen Zeiten und für eine bestimmte Dauer möglich. Wichtig beim Spiel ist eine Spannung, Ungewißheit, ob etwas „glückt". Man braucht Durchhaltevermögen und Mut, um sich Bilder zu erarbeiten, konkret zu machen und mit ihnen umzugehen.

Dabei bleibt das Spiel ein *freies Handeln*. Befohlenes Spiel ist kein Spiel. Spiel ist *nicht das „gewöhnliche" Leben*; es ist mehr: intensiver und unterliegt nicht der Enge des alltäglichen Lebens oder der Regeln, die im öffentlichen Bereich beachtet sein müssen. Im Spiel ist möglich, was außerhalb des Spiels nicht möglich oder nicht erlaubt ist. Hier kann, darf und soll auch getan werden, wofür man draußen ausgelacht oder bestraft wird.

Ein simpler Stab in der Hand kann vor unseren Augen zum Repräsentanten eines Fernrohrs, Gewehrs, einer Geige oder Peitsche werden, und niemand dürfte deren Anwesenheit in Frage stellen: Es ist gegenwärtig – obwohl doch alle gleichzeitig sehen, daß es ein Stab ist. Das Bewußtsein bleibt auch dafür wach, daß die Handlung, das Spiel hier und das Leben draußen zweierlei sind. So weiß jeder, daß er *spielt*.

Ebenso geht auch ein Schauspieler in seinem Spiel auf und bleibt sich doch immer dessen bewußt, daß er spielt.

Es gehört zu den Merkmalen des Spiels, daß es sich auf zwei Ebenen *„abspielt“*: in der Gleichzeitigkeit von hier erschaffener und effektiver Realität; von Vergangenem und Zukünftigem im jetzigen Augenblick. Das Spiel der Imaginationen, in dem Welten bewegt und zurechtgerückt werden können.

„Kunst heißt, meine gegenwärtige Lebenssituation, so wie ich sie vorfinde, mit meinen Mitteln zu gestalten – nicht aber: mir eine Lebenssituation nach meinen Wünschen und Vorstellungen zu fabrizieren.“ (P. Petersen, Der Therapeut als Künstler)

3. Versuch: Der Weg

Ob die Welt aus den Fugen gerät, ist abhängig davon, ob Individuum und Gemeinschaft wieder schöpferisch sein können, „um umzuschaffen das Geschaffne, damit sich's nicht zum Starren waffne" (Goethe). Das heißt: Kann der Mensch sich mit seinem Wesen und dem Wesen der Welt verbunden fühlen? Von der Anlage her besitzt er Phantasie und Schöpferkraft, Gestaltungswillen und Entscheidungsfähigkeit, da er Teil des schöpferischen Kosmos ist. Er kann Probleme aktiv handelnd bewältigen. Weder das Geschick des Individuums noch das der Gemeinschaft ist unabänderlich determiniert. Infolge vielfältiger Einseitigkeiten und Einengungen, extremer Belastungen und Probleme ist Phantasie vermeintlich unangebracht; Gestaltungs- und Entscheidungsfähigkeit werden eingeengt und verkümmern! Die Persönlichkeitsentfaltung ist behindert und damit auch die Fähigkeit, Probleme zu lösen. Es ist in die Freiheit des Individuums gestellt, diese Zwänge oder gar sein Schicksal passiv zu erdulden oder ihm aktiv handelnd, unter Zuhilfenahme der elementaren Phantasie, mit der jeder Mensch begabt ist, zu begegnen. In der Freiheit des Spiels kann er erfahren, daß seine Phantasie die kleine Schwester seines Ich ist.

Die Elementartheaterarbeit ist eine Aufforderung, mit allen Kräften ins Spiel zu kommen. Sie bringt (wenn wir uns *ganz* darauf einlassen) unseren inneren Reichtum nach außen, weitet unser Bewußtsein, indem wir eine Verbindung herstellen zwischen dem, was wir als Person im Hier und Jetzt sind, und dem Überpersönlichen, das in unserem Spiel *durch* uns zur Darstellung kommt. Im Durchgang durch den furchterregenden Identitätsverlust kann eine neue Qualität erfahren werden, eine transzendente Funktion, von der Grotowski noch von dem „schützenden Partner" spricht. Man könnte von diesem Moment auch sprechen als Augenblick, in dem der Geist gegenwärtig erlebbar ist, der Geistes-Gegenwart. Sind wir nicht in der Qualität des Augenblicks, verpassen wir das Kostbarste. Denn der Ablauf des Spiels darf und soll sich immer wieder im Spannungsfeld zwischen Disziplin und Spontanität verändern. Es gibt kein fertiges Ergebnis, kein aufführungsreifes Endprodukt und keinen Zustand des Angekommen-Seins! Elementartheaterarbeit ist ein Weg. Sie ermöglicht im zeitlich und räumlich geschützten Rahmen „Katharsis" (Reinigung), Läuterung, Wandlung und Neubeginn in jeder Kursstunde, mit jeder neuen Übung. Der Spielraum ist der Ort des „Stirb und Werde" – als Krise und Chance. Damit kann er wieder zu einem Ort des Mysteriums werden.

Der Weg des Elementartheaters bedeutet auch, überall auf der Bühne des Lebens mit dem heiligen Ernst eines Kindes spielen zu können. Dann schwindet auch die Trennung zwischen privatem Leben und künstlerischem Spiel. Der künstlerische Weg wird zum individuellen, der individuelle Weg zur Lebenskunst.

Schenken

Das Kind hat gemalt.
Und nimmt das Bild,
zur Mutter läuft es und strahlt
von Schaffensglück erfüllt.

Und schenkt und ist groß
und reich, da es gibt. –
Warum ist so freudlos, streng und griesgrämig bloß
der Erwachsene, wenn er teilt, wo er liebt?

(Frieder Nögge)

Darstellende Kunstmittel als Therapie

Frieder Nögge

„Die Tragödie ist die Nachahmung einer edlen und abgeschlossenen Hand-
lung von einer bestimmten Größe in gewählter Rede, derart, daß jede Form
solcher Rede in gesonderten Teilen erscheint und daß gehandelt und nicht
berichtet wird und daß mit Hilfe von Jammer und Schrecken eine Reinigung
von eben derartigen Affekten bewerkstelligt wird." (Aristoteles)

1.

Vor der Geburt der griechischen Tragödie war ein „Drama" eine heilige
Handlung, ein esoterischer Prozeß der Initiation. Der Myste vollführte
darstellend den tragischen Prozeß der Verleiblichung, des Sterbens in die
Materie und die Wiedergewinnung eines leibfreien und selbstlosen Bewußtseins. Darstellend vollführte er an sich selbst die Katharsis, die Reinigung von leibgebundenen Affekten durch Jammer und Schrecken. Das
„Drama" vollführend wurde er „eingeweiht".

Im Laufe der Geschichte hat das Drama einen ausschließlich exoteri-
schen Charakter bekommen. Es ist in diesem Sinne Nachbildung, Nach-
schaffung und Schatten der eigentlichen, ursprünglich heiligen Handlung.
Es repräsentiert. Der Zuschauer erlebt aus Distanz und nur noch nachvoll-
ziehend, was der Myste handelnd an sich selbst erfuhr.

Dennoch wurzeln die Gesetze jeder wahren dramatischen Handlung im
ursprünglich-elementaren Prozeß. Um diese heilend wirksam werden zu
lassen, muß der Zuschauer wieder Darsteller, eine Aufführung wieder
Ausführung werden. Therapeutische Darstellungskunst braucht keine Bühne, keinen Autor, keinen Regisseur und keine professionellen Darsteller.
Sie hat nur für denjenigen Bedeutung, der sie für sich selbst anwendet. Sie
ist daher mit den allgemeinen Vorstellungen über Theater und Kenntnissen
von Schauspiel nicht zu vergleichen. Sie ist vorrangig Heilkunst. Im Vordergrund steht die Heilung, nicht die Kunst.

2.

Darstellende Mittel heilend angewendet, wenden sich zunächst an ganz
alltägliche „Erkrankungen", die entstehen, wenn der Mensch im Lauf seines
Lebens sich mehr und mehr in sich selbst kehrt, sich absondert, ver-ein-
samt, sich abkapselt und nicht mehr ohne Anstrengung ein offenes Welt-
und Mitmenscheninteresse hat. Mittels dramatischer Gesetzmäßigkeiten
wird versucht, dem Eingekehrten oder Eingekerkerten die Sinne zu verle-
bendigen, ihn mit menschenkundlichen Phänomenen zu konfrontieren, ihn
„aus der Haut" und in die Haut des anderen schlüpfen zu lassen und die
Quellen seiner Phantasie vom Schlamm des eigenbezogenen Intellekts zu

befreien. Die Übungen schulen weder schauspielerische Techniken, noch vermitteln sie Methoden, Fremdpersonen besser zu durchschauen und somit manipulieren zu können. Sie dienen ausschließlich der Selbst- und Fremdwahrnehmung und Interessenerweiterung. Sie sozialisieren nicht den einzelnen oder eine bestimmte Gruppe, sondern verstehen sich als Hilfe für den einzelnen, soziale Gesundung selbst anzustreben.

3.
Die Übungen entwickeln sich aus anthroposophischer Menschenkunde, astrosophischen Studien, der klassischen Elementar- und Temperamentelehre und der jahrelangen Erfahrung des Autors als Menschendarsteller und Theaterpädagoge. Für ihre Ausführung bedarf es keinerlei Vorkenntnisse und schauspielerische Erfahrung und Begabung.

Grundsätzliches zu den Übungen

4.
Die vom Autor entwickelten therapeutischen Übungen werden Elementartheaterübungen genannt. Sie gliedern sich in die drei Übungsphasen: Nachahmung, Nachbildung und Neuschaffung.

4.a
Der Übende nimmt in der *Nachahmungsphase* zunächst Bewegungen, Gesten, Gebärden und Körperhaltungen vom Übungsleiter ab. Er beobachtet, was dieser ihm vormacht, und versucht es nachzumachen. Die Nachahmungsphase wird hauptsächlich von einer sogenannten Grundetüde bestimmt. Die Grundetüde besteht aus sechs Grundgebärden, die angelehnt sind an die sechs Sprachoffenbarungen der durch Rudolf Steiner vermittelten dramatischen Kunst. Die Grundetüde, bestehend aus sechs Gesten bestimmter Art, wird in drei Variationen geübt.

Erstens neutral, als reine Formsprache, die Raum und den Zusammenhang zwischen Atmung und Bewegung bewußt macht. Zweitens psychomotorisch, d.h. die Gebärde wird Hülle von Seelischem bzw. wirkt zurück auf Seelisches. Drittens dynamisch: Alle Gebärden werden auf den ganzen Körper übertragen und in sprunghaft-tänzerischer Weise ausgeführt.

Der mittlere, psychomotorische Teil der Übung wird im weiteren durch die vier Elemente geführt. Die Gesten werden ausgeführt, und zwar einmal bestimmt durch die Schwere und das Knochensystem, dann bestimmt von der Leichte, der Aufrichtekraft und Atmung, dann bestimmt durch die Weite, der Hautatmung und des körperlichen Wohlbefindens, und letztens bestimmt durch die Enge, durch Muskulatur und Dynamik. Auch der Gang durch die vier Elemente wird durch Nachahmung vermittelt.

4.b

In der *Nachbildungsphase* beginnt der Übende selbständiger mit den ihm vertraut gewordenen Gebärdenspiel und -material umzugehen. Die sechs Grundgesten werden spielerischer gehandhabt, werden gemischt, harmonisch oder paradox verbunden, werden verkleinert, vergrößert, auf Gangarten, Haltungen und mimische Ausdrucksweisen übertragen. Der Übende lernt seinen Leib als Instrument kennen, erinnert sich an die Gebärdensprache seiner Umwelt, schafft aus der Erinnerung bestimmte Haltungen, Gesten, Bewegungsarten nach, differenziert die zunächst mehr archetypischen Gebärden, führt sie speziell weiblich oder speziell männlich aus, und ändert – die Gebärden eigenständig variierend – stets das „Wie" der Körpersprache. Er lernt dabei, seine Beobachtung zu verschärfen, die eigenen körperlichen Grenzen kennen und die Wirkung einer Fremdgeste auf sein Empfinden wahrnehmen.

Nur noch angeleitet vom Übungsleiter werden die sechs Grundgebärden im weiteren durch die vier Temperamente, die sieben Lebensalter und die zwölf Tierkreischaraktere geführt. Der Übungsleiter stellt jeweils das Typische des jeweiligen Temperaments oder Alters oder Charakters vor, zeigt darstellend, weil der eine Typ sich mehr aus dem Kopfbereich, der andere sich mehr aus dem Hüftbereich bewegt usw., und führt den Übenden spielerisch in Typendarstellung ein.

Es handelt sich dabei nicht um einen schauspielerischen Vorgang. Vielmehr handelt es sich darum, den eigenen Leib immer mehr als Instrument beherrschen zu lernen und je nach Bau des Instruments verschiedene Stimmungen, Erlebnisse usw. zu erzeugen, die sich realisieren. Der Übende erlebt zum Beispiel an einer durch Schwere und durch das Knochensystem geprägten Körperhaltung und Gestik, die Tyrannei der Physis über Atmung, Dynamik, Wohlbefinden und Sinne. Er kommt in eine melancholisch-depressive Stimmung, und zwar nicht scheinbar, sondern real. Im Laufe der Übungszeit wird er in der Lage sein, durch Veränderung der Körpersprache und -haltung bestimmte Affekte zu beruhigen oder zu erwecken. Er erkennt die Abhängigkeit vom Leib und die Fähigkeit, Herr über das leibliche Instrument werden zu können.

4.c

Der Nachahmungs- und Nachbildungsphase wird die *Neuschaffungsphase* angeschlossen. Sie besteht hauptsächlich aus Improvisationsübungen. Das Elementartheater versteht unter Improvisation eine Darbietung eines einzelnen oder einer Gruppe ohne Vorbereitung, jedoch eingerahmt durch bestimmte Gesetzmäßigkeiten. Die Übenden improvisieren zum Beispiel mit dem Gesetz einer dramatischen Handlung und behandeln die dramaturgischen Grundfragen: Woher komme ich? Wohin gehe ich? Was tue ich? Wo befinde ich mich? Zu welcher Zeit? In welcher Beziehung stehe ich zu wem

oder was? Was bedeutet mir die einzelne Beziehung? Aus welchem Grund-
gestus stelle ich dar? usw.

Es werden kleine Szenen aus dem Stegreif gespielt, welche konsequent
diese Fragen beantworten. Der Übende erlebt, daß Phantasie keine Frage
der Willkür oder wuchernden Begabung, sondern vielmehr ein disziplinier-
ter Vorgang konkretisierender Genauigkeit, Vertiefung und Herauskristalli-
sierung einer bestimmten Situation ist. Die Improvisationen des Elementartheaters haben eine alte NO-Theater-Regel zum Motto: Eine Rolle ist wie
eine Blume. Der Spieler kümmere sich um ihre Wurzel, ihre Bodenverhält-
nisse, ob sie genug Wasser, genug Licht hat. Die Blüte kommt von selbst.

In die Improvisationen werden die Grundübungen einbezogen. Gespräche zwischen verschiedenen Temperamenten, Lebensaltern, Charakteren
werden erspielt, Dialoge geschaffen, Reaktionen erlebt und ausgeführt.
Wiederum handelt es sich nicht um einen schauspielerisch-technischen
Prozeß, sondern darum, sich in Haltung, Geste, Tonfall, Stimmung, Affekte
usw. fallen zu lassen, sich dem Spiel zu überlassen und neue Erfahrungen
zu machen. Es ist eher das Spiel eines Kindes, das eine Rolle einnimmt, an
ihr reales Sein glaubt und in dieser Welt erfährt.

5.

Die drei Übungsphasen Nachahmung, Nachbildung und Neuschaffung werden begleitet von spielerischen Entspannungsübungen, die vorrangig aus
Kinderspielen wie Katz und Maus, Blinde Kuh, Reise nach Jerusalem usw.
bestehen. Die Erfahrung hat gezeigt, daß vor allem der Erwachsene hier zu
elementaren Erlebnissen kommt, Sinneswachheit erfährt und sich aus seiner
eingesponnenen Schwerfälligkeit löst. Fangen, Haschen, Davonrennen,
schnell Reagieren, Lachen, Schwitzen usw. lockern und lösen allerhand.

6.

Die Rollenspiele des Elementartheaters unterscheiden sich von psychodra-
matischen Rollenspielen dadurch, daß sie kein naturalistisches oder realisti-
sches Mittel einsetzen. Der Übende schlüpft nicht unmittelbar in die Perso-
nen seines eigenen Lebens – Eltern, Geschwister, Kollegen usw. –, sondern
er schlüpft zunächst in Archetypen. Er erlebt an diesen die Zugehörigkeit
des Typischen zum Makrokosmischen, erlebt, wie zum Beispiel das phlegmatische Temperament mit dem feucht-wässrigen Element zusammenhängt, wie die Verwandtschaft zwischen Wasser und Gleichmut geartet ist
und wie es darum geht, Herr des Elementes zu sein.

Anhand dieser Urtypen begegnet er zweifelsohne sich selbst, die Rein-
heit der elementaren Formen wird zum Spiegel. Er erlebt, daß ihm dieses
oder jenes Element oder Temperament leichter oder schwerer fällt, daß er
vor diesem Angst, vor jenem Ekelgefühle bekommt. Er begegnet seinen
eigenen Sympathien und Antipathien, Zu- und Abneigungen, indem er in

die Urformen menschlicher Erscheinungen schlüpft. Indem der Übende zum „Du" wird, schaut er sein Ich bzw. sein Selbst. In diesem Sinne ist Elementartheater Selbstkonfrontation. Es weckt Bedürfnisse im einzelnen, aus eigener Anstrengung das nur Selbstische zu überwinden. Erlebt wird allerdings die *Notwendigkeit* der Ver-ein-samung, sowohl im Nachahmungs- und Nachbildungsprozeß, der zu entschiedenen einzelnen Formen führt, wie auch im Neuschaffungsprozeß, der in der Improvisation Gemeinschaft dadurch entstehen läßt, daß jeder einzelne in sich selbst konsequent und stark ist. Eine höhere Realität, die über das bloße Selbst hinausweist, wird an den Gesetzmäßigkeiten erfahren. Die Wahrheit der Elemente zum Beispiel, die unabhängig unserer Sympathien und Antipathien, Meinungen und Vorstellungen besteht und die derjenige akzeptieren lernt, der sich in das Wesen des Feuers oder des cholerischen Temperaments vertieft.

7.

Die „Meisterübung" des Elementartheaters ist der Schlußpunkt des heilenden schauspielerischen Weges. Der Übende vollzieht hierbei eine heilige (im Sinne von Heil bringende, zum Ganzen führende, harmonisierende) Handlung, ein „Drama". Er erhält eine bestimmte Aufgabe, eine Situation oder nur ein Wort und geht improvisierend durch die zwölf Tierkreischaraktere. Er stellt die Situation oder den Begriff in zwölf verschiedenen Temperamenten, Charakteren dar, ihre jeweilige Weltsicht, Sichtweise, Ausdrucksweise, Körpersprache, Motorik, Sinnes- und Wahrnehmungsweise berücksichtigend.

Er erlebt, wie der Widdertyp diese Einseitigkeit hat, die der Stiertyp wiederum aufhebt, wie der Stiertyp durch den Zwillingetyp wiederum aufgelöst wird usw. Er erlebt, wie Einseitigkeiten sich einerseits gegenseitig tragen, sich andererseits bekriegen, zu verschlingen drohen. Er verliert auf dem Weg durch den Tierkreis den Boden unter den Füßen, die Alltagswahrheit wird ausgelöscht, alles Meinen, Wünschen, Rechthaben verliert an Bedeutung, alles an das Stoffliche gebundene Denken wird ausgelöscht und jede Form der Vereinsamung wird schmerzlich durchlitten. Jammer und Schrecken führen zu einer Reinigung vom Zwang des Eigenwesens. Der elementare Zwölferweg ist keine Einweihung, jedoch eine Entschlackung und Säuberung von jeglicher Verhärtung, Erstarrung und Auflösungstendenz.

8.

Ein weiteres Gebiet des Elementartheaters, das sich der Meisterübung anschließt, jedoch auch schon während der ersten drei Phasen teilweise beschritten werden kann, ist die „Sacra Pazzia", der Bereich der „heiligen Narrheit". Dieser Bereich kann nur mit einer Gruppe von Übenden beschritten werden, die durch eine lange Zeit gemeinsamen Übens Vertrauen zueinander gewonnen und furchtlose Spielfreude erlangt haben. Erste einfache Übungen führen in die Grundaffekte Lachen, Weinen, Zorn und Staunen ein. Es wird zunächst behutsam versucht, den Übenden an sein eigenes Lachen, sein eigenes Weinen usw. heranzuführen, ihn real zum Lachen, Weinen, Toben etc. zu bringen. Wiederum wird weder von seelischen Zuständen noch intellektuellen Vorstellungen ausgegangen, sondern von der rein physischen Konstellation, die diesen Affekten zugehörig ist. Was macht der Körper, was macht die Atmung beim Lachen, beim Weinen etc.? Den Phänomenen folgend werden die Affekte erzeugt. Der Übende erlebt hierbei den schmerzlichen Verlust seiner scheinbaren Spontanität. Er glaubt, indem er sich den Vorgang des Weinens oder Lachens oder Tobens bewußt macht, Natürlichkeit zu verlieren. In Wahrheit aber scheut er sich, den Selbstgenuß, der mit diesen Affekten verbunden ist, zu erkennen. Er weigert sich zunächst, Herr über Lachen und Weinen zu werden. Er begegnet auf subtile Art der Selbstliebe, dem Gefühl, sich selbst zu fühlen.

Selbstliebe, Selbsttäuschung, Selbstgefühl sind nun die Grundlagen menschlicher Narrheit. Der Mensch wird dadurch zum Narren, indem er sich in sein Selbst zurückzieht und sich absondert. Er wird Sonderling. Der Don Quijote-Typ, der erfüllt von Selbsttraum und -täuschung einen Irrweg zu wandern beginnt, der weder Bewußtsein von sich noch von seiner Wirkung auf andere noch von der Realität hat. Diesen, in jedem Menschen steckenden stolpernden Sterngucker, diesen Narren in uns, sucht das Elementartheater hervorzulocken.

Der Übende ist aufgefordert, mittels weiterer elementarer Gesetzmäßigkeiten, die eigene Narrheit auszuleben, seine Ansätze zum Wahnsinn, Stumpfsinn, Irrsinn, Starrsinn usw. anzugehen und diesen freien Lauf zu lassen. Er soll sich selbst vor den anderen zum Narren machen, seinen fixen Vorstellungen folgen, mit dem Kopf durch die Wand rennen, vor dem eigenen Schatten fliehen, seinen Rücken fangen wollen, über alles kichern, Edles in den Staub zerren, Staub anbeten, die Welt auf den Kopf stellen und glauben, daß der Mond viereckig sei. Was auch immer seine eigene Narrheit sich ausmalt und darstellt, er soll es ausleben. Er lebt es allerdings aus im Kreis der Mitspieler, die seine Narrheit begleiten, ihn auslachen, belachen, ihn verspotten, vor ihm erschrecken, ihn jedoch umgeben und als Narren in ihrer Mitte tanzen lassen. Die menschliche Narrheit wird getragen von einer Gemeinschaft, die durch Lachen alle Extreme, die sich ausleben, schützt.

Der Übende muß ertragen lernen, für seine Schwächen ausgelacht zu werden. Er erkennt, daß bloßer Egoismus und bloßes Selbstsein nicht weniger als komisch sind.

Von dem Ausleben menschlicher Narrheit wechselt der Übende über in das spielerische Sich-Hineinversetzen in den heiligen Narren. Unter einem heiligen Narren wird derjenige verstanden, der die Regeln des Irdischen

Nögge, der Narr
(Schmidt-Theater, Hamburg 1992. Foto: Friedemann Simon)

und alltäglich notwendig Egoistischen auf den Kopf stellt. Der heilige Narr hält, wenn ihm auf die rechte Backe geschlagen wird, die linke hin. Er gibt, wenn ihm der Mantel gestohlen wird, Jacke und Hose dazu. Er ist für Menschen ein Tor und für Gott ein Weiser. Übungen, die teilweise Szenen aus dem Leben von Franz von Assisi oder Kaspar Hauser nachbilden, schulen die „Sacra Pazzia", die Realisierung des höchsten Liebesideals.

9.

Allen Übungen des Elementartheaters liegt eine Treue zu den Grundphänomenen und -gesetzen menschlichen Lebens, Erscheinens und Äußerns zugrunde. Sie knüpfen stets an die Elemente, Sternenkunde und christlich-geisteswissenschaftliche Anthropologie an. Zwischen Übungsleiter und Übenden steht fortwährend das anschaubare Menschenbild, so daß der Übende stets selbst nachprüfen kann, inwieweit das ihm Angebotene der Realität entnommen ist. Er beurteilt selbst, ob die Mittel, die ihm angeboten werden, auf ungekünstelte und unkonstruierte Weise zu Fremd- und Selbsterfahrungen führen. Es bleibt stets ihm überlassen, wie weit er sich in die Abgründe der Seele vortraut und wie hoch er das eigene Abgründige steigen läßt. Der Elementartheaterleiter psychologisiert niemals direkt am Übenden herum.

10.

Die Übungen wurden bisher praktiziert mit Laien, Schauspielschülern, Schauspielern und Teilnehmern sozialtherapeutischer Arbeitsgruppen. Inwieweit sie für erkrankte Menschen hilfreich sein können, ist noch unerforscht. Zunächst werden sie angeboten, um einzelne aus der alltäglichen sozialen Erkrankung heraus an Quellen zu führen, die helfen, soziale Gesundung selbst anzustreben.

11.

Zur Ausführung der Elementartheaterübungen ist ein großer und hoher Raum notwendig, der einer größeren Gruppe erlaubt, sich frei und ungehindert zu bewegen und zu äußern. Als Materialien für Improvisationen werden Tücher, Stoffe, Taue, Bälle, Stäbe und Reifen verwendet. Einige Übungen erfordern Musikinstrumente. Der Raum sollte die Möglichkeit bieten, die benötigten Requisiten aufbewahren zu können. Während eines Kurses sollte der Raum von keiner anderen Gruppe benutzt werden.

12.

Zum Abschluß sei nochmals betont, daß bei der Frage nach der therapeutischen Wirkung darstellerischer Mittel die Heilung und nicht die Kunst im Vordergrund steht. Daß ein Kunstwerk heilsam wirken kann, steht außer Frage. Ein Therapiebedürftiger aber ist niemals ein Künstler. Gewiß gibt es viele therapiebedürftige Künstler. Jedoch der Weg des Elementartheaters verzichtet bewußt auf die Aneignung von Können, Kunstfertigkeit, Techniken und Handwerk. Er bildet keine künstlerischen Fähigkeiten aus. Übungen des Elementartheaters dienen nicht einem Aufführungsziel vor Publikum. Nicht das Schau-Spiel, sondern das Spiel ist Quelle der Heilung.

„Wir Menschen sind ganz und gar Konfliktwesen, da wir dazu neigen, im Erkennen, Entscheiden und Handeln uns immer wieder von Realität abzulösen und eine realitätswidrige Wirklichkeit aufzubauen. Konflikte zeigen solche Ablösung an. Wer sich weigert, Konflikte zu lösen (...), wird in eine vielleicht stabile Wahnwelt flüchten. Und dabei Sinn verlieren."   *Rupert Lay*

FLENSBURGER HEFTE Nr. 38

Konfliktbewältigung

Eine Eigenschaft des Menschen ist seine Konflikthaftigkeit. Kaum ein Bereich des menschlichen Lebens, in dem Einigkeit und Frieden herrschen würde: Ob in der Partnerschaft, der Familie, der Ausbildung oder im Beruf – überall kommt es immer wieder zu Auseinandersetzungen. Und immer wieder führt das Unvermögen der Menschen, mit Konflikten konstruktiv umzugehen, zum Entgleisen der Situation, zur Eskalation mit all den unangenehmen Folgen, die damit verbunden sind: Freundschaften, Ehen und Familien zerbrechen, Menschen gehen sich aus dem Weg und sprechen nicht mehr miteinander. Den Erscheinungsformen von Konflikten, ihren Wirkungen im Sozialen und den Wegen der Konfliktdiagnose und -lösung versuchen wir mit diesem FLENSBURGER HEFT auf die Spur zu kommen.

Lebensnah, anschaulich und konkret!

Interviews mit Dr. Friedrich Glasl, Stefan Leber und Manfred Leist, Wolfgang Schlüter, Prof. Dr. Friedemann Schulz von Thun, Prof. Dr. Helm Stierlin. Artikel von Thomas Höfer.

Aus dem Inhalt:
Konfliktfähigkeit als soziale Tugend / Friedhöflichkeit und Streitsucht / Stärkung der eigenen Konfliktfähigkeit / Der soziale Konflikt / Diagnose von Konflikten / Konflikteskalation / Konfliktbehandlung in Organisationen / Die vier Seiten sprachlicher Äußerungen / Aktives Zuhören / Kommunikationsstile / Entwicklung einer Streitkultur / Konfliktbewältigung in Waldorfschulen / Die Umstrukturierung einer Möbelfabrik mit Hilfe anthroposophischer Betriebsberatung u.a.m.

224 Seiten, 10 farb. Abb., kart., DM 22,80   ISBN 3-926841-50-8

Bezug über den Buchhandel oder direkt beim Verlag (zzgl. Porto und Verpackung)
Flensburger Hefte Verlag • Holm 64 • D-24937 Flensburg • Fax: 0461 / 2 69 12

Ausbildung zum Schauspieltherapeuten

Ein Großteil des Inhalts dieses Konzepts „Ausbildung zum Schauspieltherapeuten" ist in der Freien Kleintheaterschule Stuttgart in dem Kollegium Frieder Nögge, Polo Piatti, Tilmann Bartzsch, Elisabeth Mülleder und Ingo Schöne in den Jahren 1985–1988 entstanden. Das Konzept ist eine mögliche Grundlage, um eine Ausbildungsstätte für Schauspieltherapeuten einzurichten. Kurse werden bereits von Frieder Nögge und Ingo Schöne angeboten. Die hier vorliegende ausgearbeitete Fassung stammt von Ingo Schöne, Die Freie Theaterschule, Hamburg, und Dr. med. Olaf Koob, Oyten.

Ziele

In der Ausbildung zum Schauspieltherapeuten soll innerhalb der schauspielerischen Arbeit der Student über die praktische Umsetzung von Urformen und ihren Erscheinungen durch den Menschen seine Wahrnehmung schulen und sensibilisieren. Der Student soll eine selbst erlebte Vorstellung von dem Urbild des Menschen bekommen, um so langsam Zusammenhänge zwischen Mensch und Welt wahrnehmen zu lernen.

Dies soll die Fähigkeit heranbilden, sich in den Menschen hineinzuversetzen, um mit ihm einen schöpferischen Heilungsprozeß zu gehen.

Ausbildungskonzept

1. bis 4. Trimester
Schauspielunterricht
Medizinische Menschenkunde
Bothmergymnastik
Sprecherziehung im 2./3./4. Trimester
Zusatzunterricht im 2. Trimester: Schwertkampf
Zusatzunterricht im 4. Trimester: Rhetorik
Erkenntnistheorie, 1. bis 4. Trimester

5. und 6. Trimester
Praktikum
Schauspielunterricht
Medizinische Menschenkunde

7. Trimester
Aufarbeitung der Erfahrungen aus der Praktikumsarbeit des 5. und 6. Trimesters durch:
Schauspielunterricht
Medizinische Menschenkunde

8. und 9. Trimester
Erweiterung und Vertiefung der ersten 4 Trimester

10. Trimester
Medizinische Menschenkunde

11. und 12. Trimester
Diplomarbeit

1. Trimester
Schauspielunterricht
1. Urqualitäten   (Kalt, Trocken, Feucht, Warm)
2. Qualitäten   (Schwer, Weit, Leicht, Eng)
3. Grundgesten   (Sechs grundlegende Möglichkeiten, mit der Außenwelt in Beziehung zu treten)
4. 4 Temperamente (Melancholiker, Phlegmatiker, Sanguiniker, Choleriker)
5. 12 Sinne   (Hör-, Wort-, Gedanken-, Ichwarnehmungs-, Geruchs-, Geschmacks-, Seh-, Wärme-, Tast-, Lebens-, Eigenbewegungs-, Gleichgewichtssinn)

Diese Themen bilden die Grundlage zur Arbeit mit dem Bühnenraum, der Bühnenpräsenz und dem Spiel aus der Improvisation.

Medizinische Menschenkunde
Anatomie im Zusammenhang mit phänomenologischen Naturbetrachtungen (Formbeobachtung – Metamorphosen – Gestaltbildung)

2. Trimester
Schauspielunterricht
1. Tierstudien   (Entwicklung von Spielfiguren aus dem Tier)
2. Tragödie   (Grundkräfte der Tragödie)
3. Komödie/Clowneske (Grundkräfte des Komischen)
4. Absurde   (Grundkräfte des Absurden)
5. Der Kampf   (Die Strategie des Kampfes zur Schulung der Psychologie)

Medizinische Menschenkunde
Physiologie
Anfänge der Psychologie
(Zusammenhänge zwischen Leib und Seele)

3. Trimester
Schauspielunterricht
1. Der Nervenmensch
2. Der Sinnesmensch
3. Der Flüssige
4. Der Rhythmische
5. Der Luftige

6. Der Ernährende
7. Der Fortpflanzer
8. Der Bewegende

Diese acht Grundtypen bilden die Grundlage, Spielfiguren zu entwickeln, die jeweils an ihrem eigenen Typischen erkrankt sind.

Medizinische Menschenkunde
Pathologie
Allgemeine und spezielle Krankheitslehre

4. Trimester
Schauspielunterricht

1. Weltanschauungen (Idealismus, Rationalismus, Mathematismus, Materialismus, Sensualismus, Phänomenalismus, Realismus, Dynamismus, Monadismus, Spiritualismus, Pneumatismus, Psychismus)
2. Lebensalter (Entwicklungsstadien des Menschen und seine möglichen Entwicklungsstörungen wie Neurosen, Psychosen und psychiatrische Krankheitsbilder. Dazu Rollenstudium auf der Grundlage der Lebensalter)

Medizinische Menschenkunde
Psychopathologie und Psychiatrie

5. und 6. Trimester
Schauspielunterricht
Milieustudien und deren Umsetzung durch Rollen

Medizinische Menschenkunde
Auseinandersetzung mit psychologischen und sozialen Fragen
Zeit- und Milieukrankheiten

8. und 9. Trimester
Schauspielunterricht
Biographie und Rollenstudium

Medizinische Menschenkunde
Allgemeine Menschenkunde
Entwicklungspsychologie
Biographik

10. Trimester
Medizinische Menschenkunde
Biographie und Karma
Schicksalserkenntnis

Anschriften

Gemeinschaftskrankenhaus Herdecke
Beckweg 4
D-5804 Herdecke 1
(neue PLZ: D-58313)

**Gesellschaft für
Ausbildungsforschung und Berufsentwicklung**
(Dr. Michael Brater, Anna Maurus)
Bodenseestr. 5
D-8000 München 60
(neue PLZ: D-81241)

Dr. med. Olaf Koob
Am Moor 199
D-2806 Oyten
(neue PLZ: D-28876)

Frieder Nögge
Kurse in Schauspieltherapie
MUT, Musik- und Kulturmanagement
Beate Hacker
Schwarzkornweg 33
D-7076 Waldstetten
(neue PLZ: D-73550)

Christine Pflug
Biographiearbeit
Mittelweg 147
D-2000 Hamburg 13
(neue PLZ: D-20148)

Ingo Schöne
Kurse in Schauspieltherapie
Die Freie Theaterschule
Ludwigstraße 13
D-2000 Hamburg 36
(neue PLZ: D-20357)

FLENSBURGER HEFTE (ISSN 0932-5859) = **FH**

Johannes Rogalla von Bieberstein:
Die These von der Verschwörung 1776–1945
216 Seiten, kart., DM 33,– / ISBN 3-926841-36-2

Carola Cutomo:
Medialität – Besessenheit – Wahnsinn
188 Seiten, kart., DM 19,80 / ISBN 3-926841-19-2

Klaus Engels:
Destruktive Kulte im Spannungsfeld
von Kirche und Gesellschaft
212 Seiten, kart., DM 28,– / ISBN 3-926841-46-X

Hans-Diedrich Fuhlendorf:
Rückkehr zum Paradies oder
Erbauen des Neuen Jerusalem?
352 Seiten, kart., DM 39,– / ISBN 3-926841-37-0

Wolfgang Gädeke:
Anthroposophie und die
Fortbildung der Religion
448 Seiten   Leinen DM 48,– / ISBN 3-926841-23-0
             kart. DM 36,– / ISBN 3-926841-24-9

Johannes Kiersch:
Fragen an die Waldorfschule
148 Seiten, kart., DM 19,80 / ISBN 3-926841-33-8

Peter Krause:
Das Judasproblem
128 Seiten, kart., DM 19,80 / ISBN 3-926841-38-9

Peter Krause, Faustus Falkenhahn (Hg.):
Einsam – gemeinsam
192 Seiten, kart., DM 22,80 / ISBN 3-926841-43-5

Ernst-Martin Krauss:
Holzwege, Steinwege ...
92 Seiten, Großformat, 13 farb. Abb., geb., DM 56,–
ISBN 3-926841-35-4

Jukka Kuoppamäki:
Einsam – gemeinsam
Musikkassette, DM 22,–
Liederheft zur Musikkassette, DM 7,–

Andreas Meyer (Hg.):
Seele und Geist
160 Seiten, kart., DM 26,– / ISBN 3-926841-47-8

FH 11
Über Tod und Sterben
3. Auflage, 264 Seiten, kart., DM 24,80
ISBN 3-926841-11-7

FH 13
Hexen, New Age, Okkultismus
3. Auflage, 196 Seiten, kart., DM 19,80
ISBN 3-926841-08-7

FH 14
Erneuerung der Religion.
Die Christengemeinschaft
4. Auflage, 184 Seiten, kart., DM 16,80
ISBN 3-926841-07-9

FH 15
Waldorfschule und Anthroposophie
3. Auflage, 132 Seiten, kart., DM 9,80
ISBN 3-926841-00-1

FH 16
Kulturvergiftung:
Rauschgift, Sucht und Therapie
2. Auflage, 228 Seiten, kart., DM 16,80
ISBN 3-926841-21-4

FH 17
Kulturvergiftung: Alkohol
2. Auflage, 160 Seiten, kart., DM 16,80
ISBN 3-926841-34-6

FH 18
Bio.-dyn. Landwirtschaft, Ökologie,
Ernährung
2. Auflage, 184 Seiten, kart., DM 19,80
ISBN 3-926841-03-6

FH 19
Musik
2. Auflage, 184 Seiten, kart., DM 16,80
ISBN 3-926841-06-0

FH 20
Sexualität, Aids, Prostitution
2. Auflage, 170 Seiten, kart., DM 14,80
ISBN 3-926841-09-5

FH 21
Aids
164 Seiten, kart., DM 14,80 / ISBN 3-926841-10-9

FH 22
Erkenntnis und Religion
132 Seiten, kart., DM 14,80 / ISBN 3-926841-13-3

FH 23
Engel
2. Auflage, 172 Seiten, 9 farb. Abb., kart., DM 19,80
ISBN 3-926841-15-X

FH 24
Direkte Demokratie – 1789–1989
240 Seiten, kart., DM 14,80 / ISBN 3-926841-16-8

FH 25
Rechtsleben und soziale Zukunftsimpulse
244 Seiten, kart., DM 16,80 / ISBN 3-926841-17-6

Alle Titel auch im Buchhandel erhältlich.
Preisänderungen vorbehalten.